neue frau
herausgegeben von
Angela Praesent und
Gisela Krahl

Ljudmila Petruschewskaja

MEINE ZEIT IST DIE NACHT

Aufzeichnungen auf der Tischkante

Deutsch von
Antje Leetz

rororo
Rowohlt

Veröffentlicht im Rowohlt Taschenbuch Verlag GmbH,
Reinbek bei Hamburg, August 1994

Umschlaggestaltung Nina Rothfos
Gesamtherstellung Clausen & Bosse, Leck
Printed in Germany
1290-ISBN 3 499 13528 0

Meine Zeit ist die Nacht

Er begreift einfach nicht, daß er sich bei anderen Leuten nicht gleich gierig auf die Flurkommode stürzen und alles angrapschen kann, Väschen, Figürchen, Parfümfläschchen, und schon gar nicht Schmuckkästchen. Und bei Tisch nicht noch Nachschlag verlangen. Kommt er in ein fremdes Haus, schnüffelt er überall herum, dieses Kind des Hungers, er entdeckt auf dem Fußboden ein Spielauto, das unters Bett gerollt ist, und meint, der Fund sei sein, er ist glücklich, drückt ihn an die Brust, strahlt und teilt der Hausherrin mit, hier, was ich gefunden habe, und wo – unter dem Bett! Und meine Freundin Mascha, ihr Enkel nämlich hat ihr Geschenk unters Bett gerollt, ein amerikanisches Auto, und dann vergessen, sie, Mascha, walzt nun aufgeregt aus der Küche, zwischen ihrem Enkel Denis und meinem Timotschka ist ein wilder Streit im Gange.

Eine schöne Nachkriegswohnung, wir waren gekommen, um uns bis zur nächsten Rente Geld zu borgen, sie kamen gerade alle mit fettigen Lippen aus der Küche gesegelt und schleckten sich, und Mascha mußte extra unseretwegen in die Küche zurück und sich den Kopf zerbrechen, was sie uns anbieten könnte, ohne größere

Einbußen. Also, Denis reißt an dem Auto, während meiner sich an dem unseligen Spielzeug festkrallt, aber die Autos von Denis sind die reinsten Ausstellungsstücke, ein ganzes Sortiment, er ist neun und ein Riesenkerl. Ich zerre Tima von Denis und seinem Auto weg, Tima tobt, aber sonst lassen die uns hier nicht wieder ins Haus, Mascha hat sowieso schon hin und her überlegt, als sie mich durch den Spion sah! Endlich schaffe ich es, ihn ins Bad zu bringen, um dem Kind die Tränen abzuwaschen – ein hysterischer Anfall bei anderen Leuten! Deswegen mag man uns nicht, wegen Timotschka. Ich selbst benehme mich wie die englische Königin, lehne dankend alles, aber auch alles ab, Tee mit Zwieback und Zucker! Ich esse zu ihrem Tee nur mein eigenes Brot, zupfe es verstohlen aus der Tüte, denn Hungerqualen an fremden Tischen sind unerträglich, doch Tima stürzt sich auf den Zwieback und fragt, kann ich mit Butter? (Sie vergaßen die Butterdose auf dem Tisch.) Du auch? fragt mich Mascha, aber mir ist wichtig, daß Timofej satt wird: Nein, danke, schmier es Timotschka etwas dikker, willst du mehr, Tima? Ich kriege den scheelen Blick von Denis mit, der in der Tür steht, von dem Schwiegersohn Wladimir, der bereits auf eine Zigarette ins Treppenhaus abgezogen ist, und seiner Frau Oxana gar nicht zu reden, die muß natürlich gleich in die Küche kommen – glänzend sieht sie aus – und, sie kennt meinen wunden Punkt genau, direkt vor Tima fragen: «Kommt Aljona denn manchmal zu euch, Tante Anna?» (Das bin ich.) «Timotschka, besucht dich deine Mutter manchmal?»

«Ich bitte dich, Dunetschka» (das ist ihr Kindername), «Dunjascha, hab ich dir nicht erzählt, Aljona ist krank, sie hat dauernd Mastitis.»

«Mastitis??» – Es hätte nicht viel gefehlt und sie hätte gefragt, wovon hat sie denn Mastitis, wieso hat sie denn Milch?

Ich schnappe mir noch mehrere Stück Zwieback, wunderbaren Butterzwieback, und bringe Tima schleunigst aus der Küche zum Fernsehen ins Zimmer, komm-komm, gleich fängt das Sandmännchen an, obwohl es mindestens noch eine halbe Stunde bis dahin ist.

Doch sie kommt uns hinterher und meint, man kann doch auf Aljonas Arbeitsstelle melden, daß die Mutter das Kind einfach dem Schicksal überläßt. – Heißt das, ich bin das Schicksal? Interessant.

«Was denn für eine Arbeitsstelle, ich bitte dich, Oxanotschka, sie sitzt doch mit einem Säugling zu Hause!»

Endlich fragt sie, ist er von dem, von dem ihr Aljona mal am Telefon erzählt hat, sie habe gar nicht gewußt, daß es so was gibt, morgens aufwachen und vor Glück weinen? Von dem? Als Aljona sich Geld für eine Eigentumswohnung borgen wollte, aber wir waren blank, wir hatten das Auto gewechselt und außerdem noch die Renovierung auf der Datsche. Von dem? Ja? Ich antworte, daß ich nicht auf dem laufenden sei.

Alle diese Fragen werden mit der Absicht gestellt, daß wir nicht mehr hierherkommen. Dabei waren sie befreundet, Dunja und Aljona, als Kinder, wir haben die Ferien immer in demselben Ort im Baltikum verbracht und waren befreundet, ich, jung und braungebrannt, mit Mann und Kindern, und Mascha mit Dunja, sie erholte sich damals gerade von einer wilden

Jagd nach einem Mann, hatte sich ein Kind von ihm wegmachen lassen, er war bei seiner Familie geblieben und wollte auf nichts verzichten, weder auf das Mannequin Tomik noch auf die Leningrader Tusja, sie waren Mascha alle bekannt, und ich habe noch Öl ins Feuer gegossen, weil ich noch eine Frau aus dem Filminstitut kannte, die berühmt war wegen ihrer breiten Hüften und die, als sie später heiratete, eine Vorladung von der Fürsorgestelle für Geschlechtskrankheiten ins Haus geschickt kriegte, weil sie die fällige Spritze wegen ihres Trippers versäumt hatte, mit dieser Frau also hatte er durchs Fenster seines Wolga Schluß gemacht, und sie, damals noch Studentin, war hinter dem Auto hergerannt und hatte geheult, er hatte ihr aus dem Fenster einen Umschlag zugeworfen, und in diesem Umschlag steckten Dollars, wenn auch nur wenige. Er hatte über Lenins Leben habilitiert. Mascha war also allein mit Dunja, und mein Mann und ich zerstreuten sie, mit Leidensmiene ging sie mit uns in die mit Netzen behängte Kneipe am Bahnhof von Majori, und wir bezahlten für sie, wir leben nur einmal, trotz ihrer Saphirohrringe. Und sie mokierte sich über meinen schlichten, modernen tschechischen Plastikarmreifen für einen Rubel zwanzig Kopeken: «Ist das ein Serviettenring?» – «Ja», sagte ich und streifte ihn über.

Die Zeit ist vergangen, ich will jetzt nicht davon reden, wie ich entlassen wurde, sondern ich rede davon, daß diese Mascha und ich auf verschiedenen Stufen standen und immer stehen werden, und ihr Schwiegersohn Wladimir sitzt nun dort und sieht fern, deshalb sind sie so aggressiv jeden Abend, denn gleich geht der

Kampf zwischen Denis und seinem Vater los, weil Denis aufs Sandmännchen umschalten will. Mein Timotschka dagegen sieht diese Sendung einmal im Jahr und sagt zu Wladimir: «Bitte, bitte! Ich flehe Sie an!», faltet seine Hände und kniet beinahe vor ihm nieder, das hat er bei mir gesehen, oje. Oje.

Wladimir hat was gegen Tima, und von Denis hat er sowieso längst die Nase voll, dieser Schwiegersohn ist, das sage ich euch, offenkundig am Ende, er wird immer weniger, daher Oxanas Giftigkeit. Der Schwiegersohn ist ebenfalls Aspirant auf der Lenin-Strecke, das Thema klebt an dieser Familie, wenngleich Mascha selbst alles beliebige herausbringt, sie ist Redakteurin in einer Kalenderredaktion, wo sie auch mir müde und herablassend mal was zum Zuverdienen verschafft hat. Obwohl eigentlich ich es war, die ihr mit einem schnell zusammengeschusterten Artikel zum zweihundertjährigen Bestehen des Minsker Traktorenwerks ausgeholfen hatte, das Honorar, das sie mir dafür anweisen ließ, war jedoch unerwartet niedrig, offenbar hatte ich, ohne es zu merken, einen Koautor gehabt, den Cheftechnologen des Werks, Kompetenz soll ja sein. Aber dann wurde es schwierig, sie sagte mir, ich solle die nächsten fünf Jahre dort nicht mehr erscheinen, jemand hatte was einzuwenden gehabt, wie könne das Traktorenwerk seinen zweihundertsten Jahrestag feiern, dann hätte wohl im Jahre siebzehnhundertsoundso der erste russische Traktor das Fließband verlassen!

Zurück zu Schwiegersohn Wladimir, der sieht also in jenem Augenblick, von dem die Rede ist, mit hochroten Ohren fern, diesmal irgendein wichtiges Fußballspiel. Das typische Bild! Denis heult, reißt den Mund auf, setzt sich auf den Fußboden, Timka kraucht zum Fernseher, um ihm beizustehen, und drückt, dieser Tolpatsch, blindlings mit dem Finger irgendwohin, der Fernseher verlischt, der Schwiegersohn springt mit Geheul auf, aber ich bin, wie aus dem Boden gestampft, zur Stelle, zu allem bereit. Wladimir rennt zu seiner Frau und seiner Schwiegermutter in die Küche, die Hand ist ihm nicht ausgerutscht, Gott sei Dank, er hat sich besonnen, er hat das verstoßene Kind nicht angerührt. Denis hat den erschrockenen Tima bereits vom Fernseher verscheucht, das Richtige eingeschaltet, und schon sitzen sie da und sehen sich friedlich einen Zeichentrickfilm an, wobei Tima besonders eifrig lacht.

Aber alles ist nicht so einfach auf dieser Welt, Wladimir hat den Frauen alles haarklein hinterbracht, er will Blut sehen und hat mit dem Auszug gedroht (denke ich!), und Mascha kommt mit tragischer Miene herein, wie ein Mensch, der etwas Gutes getan hat und völlig umsonst. Ihr folgt Wladimir mit der Physiognomie eines Gorillas. Ein gutes Männergesicht, es hat was von Charles Darwin, allerdings nicht in diesem Augenblick. Etwas Niederträchtiges erscheint auf ihm, etwas Verachtenswertes.

Das Ende des Films kann man sich schenken, sie schreien auf Denis ein, zwei Weiber. Das macht Timotschka allerdings nichts, er ist solches Geschrei gewöhnt... Er zuckt nur mit dem Mund. Das ist so ein nervöser Tick.

Sie schreien auf Denis ein und meinen natürlich uns. Waisenkind, du mein armes Waisenkind, was für eine lyrische Abschweifung.

Noch besser war es in einem anderen Haus, wohin ich mit Tima kam, sehr entfernte Bekannte ohne Telefon. Wir kommen hinein, und sie sitzen bei Tisch. Tima: «Mama, ich will auch was essen!» Ach Gott, wir sind lange unterwegs, das Kind hat Hunger gekriegt, wir gehen nach Hause, Timotschka, ich wollte nur fragen, ob nicht eine Nachricht von Aljona da ist (es ist die Familie ihrer ehemaligen Kollegin, bei der sie angeblich öfters anruft). Die ehemalige Kollegin erhebt sich wie im Schlaf vom Tisch und gießt uns fetten Borschtsch mit Fleisch auf den Teller. Ach Gott, das wollten wir doch nicht. – Keine Nachricht von Aljona. – Lebt sie noch? – Sie ist nicht vorbeigekommen, Telefon haben wir nicht, und im Betrieb ruft sie nicht an. Da ist ja auch eine einzige Hetze... Mal die Gewerkschaftsbeiträge einkassieren. Mal was anderes. – Ich bitte Sie, Brot... Danke. Nein, den Hauptgang nicht, ich sehe doch, Sie sind müde, geradewegs von der Arbeit. Höchstens für Timotschka. Tima, möchtest du Fleisch? Nur für ihn, nur für ihn (ich weine unvermittelt, das ist meine Schwäche). Genauso unvermittelt fegt dieses Aas von Schäferhund unter dem Bett hervor und beißt Tima in den Ellenbogen. Tima brüllt wild, den Mund voll Fleisch. Der Familienvater, der ebenfalls entfernt an Charles Darwin erinnert, springt schreiend und drohend vom Tisch auf, er tut natürlich so, als ob er den Hund meint. Aus, hierher ist der Weg für uns zu, diese Familie war meine letzte Reserve, für den äußersten Notfall. Jetzt ist alles aus, jetzt darf ich mir für den äußersten Notfall andere Wege bahnen.

Aljona, meine ferne Tochter. Das Wichtigste im Leben ist die Liebe, ich weiß. Aber wozu mir das alles, ich habe sie doch wahnsinnig geliebt! Genauso wie meinen Sohn Andrjuscha. Maßlos.

Doch jetzt ist alles aus, mein Leben ist zu Ende, auch wenn mich alle für jünger halten, einer hat mich sogar von hinten angesprochen: Fräulein, oh, verzeihen Sie, meine Dame, wo finden wir hier die und die Gasse. Er war schmutzig, schwitzte, hatte offenbar viel Geld und blickte hingebungsvoll, die Hotels sind alle voll, sagte er. Euch kenne ich! Euch kenne ich! Prima! Für ein Pfund Granatäpfel umsonst bei mir übernachten. Und dazu vielleicht noch ein paar andere Liebesdienste, den Teekessel aufstellen, ein Laken herausrücken, den Riegel vor die Tür schieben, damit er einem nicht auf den Pelz rückt – ich sehe das alles auf den ersten Blick. Wie eine Schachspielerin. Ich bin Poet. Manche ziehen den Ausdruck Poetessa vor, aber bedenkt, was uns Marina dazu sagte oder Anna [1], die fast so etwas wie meine mystische Namensvetterin ist, nur ein paar Buchstaben sind anders: Sie heißt Anna Andrejewna, ich auch – bloß Andrianowna. Wenn ich ab und an mal auftrete, dann bitte ich immer, mich so vorzustellen: Poet Anna – und der Name meines Mannes. Sie hören mir zu, diese Kleinen, und wie sie zuhören! Ich kenne die Herzen der Kinder. Und er ist überall dabei, Timofej, sobald ich auf die Bühne steige, setzt er sich an meinen Tisch, nicht in den Zuschauerraum, um keinen Preis. Er sitzt da und zuckt mit dem Mund, mein Unglücksrabe, der nervöse Tick. Ich scherze, Tima über den Kopf streichend: «Ich und Tamara sind ein Paar», und manche Idioten von Veranstaltern fordern dann: «Tamara muß

1 Marina Zwetajewa und Anna Achmatowa, *Anm. d. Übers.*

sich aber in den Saal setzen», sie wissen nicht, daß das ein Zitat aus einem Gedicht von Agnija Barto ist.

Natürlich kontert Tima – ich bin nicht Tamarotschka, und zieht sich trotzig in sich zurück, er sagt nicht einmal danke, wenn er eine Praline bekommt, dickköpfig klettert er aufs Podium und setzt sich neben mich, bald wird mich deinetwegen überhaupt niemand mehr einladen, kapierst du? So ein verschlossenes Kind, es ist zum Heulen, er hat eine schwere Kindheit abgekriegt. Ein zeitweise schweigsames, stilles Kind, mein Stern, meine Sonne. Ein Engelsjunge, und wie er nach Blumen duftet. Wenn ich damals, als er noch klein war, seinen Nachttopf rausbrachte, habe ich mir immer gesagt, daß sein Urin einen strengen Kamillengeruch hat. Wenn sein Kopf, seine Locken, lange nicht gewaschen sind, duften sie nach Phlox. Und wenn das Kind gewaschen ist, riecht es ganz unaussprechlich frisch. Seidenweiche Beinchen, seidenweiche Haare. Ich kenne nichts Schöneres als Kinder! Galina, so eine Idiotin von meiner früheren Arbeitsstelle, hat mal gesagt: Eine Tasche aus Kinderhaut müßte man haben, diese hirnrissige Idiotin mit ihrem Traum von einer Ledertasche, dabei liebt sie ihren Sohn selbst wie verrückt und hat seinerzeit, es ist lange her, mal erzählt, er habe einen so süßen Po, daß man den Blick nicht davon lassen könne. Jetzt dient dieser Po brav bei der Armee, alles zu Ende, mit den zarten Zeiten ist es vorbei.

Wie schnell alles verblüht, was für eine Ohnmacht, wenn man sich im Spiegel sieht! Du bist dieselbe, aber alles ist vorbei. Tima sagt zu mir, Oma, komm, wir gehen, kaum daß wir dort angekommen sind, wo ich auftreten soll, er hält es nicht aus und ist eifersüchtig auf meinen Erfolg. Damit alle wissen, wer ich bin: seine Großmutter. Was soll ich denn machen, mein Kleiner, deine Anna muß Geld verdienen (ich nenne mich immer Anna). Es ist doch für dich, du verdammte Nervensäge, und für Großmutter Sima, Gott sei Dank, Aljona kriegt Alimente, aber Andrej muß ich doch was zustekken für seine Ferse (davon später), für sein im Gefängnis ruiniertes Leben. So ist das. Ein Auftritt sind elf Rubel. Manchmal sieben. Wenigstens zweimal im Monat, dank Nadja, ich verbeuge mich tief vor diesem wundervollen Wesen. Einmal ist Andrej für mich zu ihr gefahren, er brachte die unterschriebenen Auftragsscheine hin, da hat es dieser Kerl doch fertiggekriegt, die Arme um zehn Rubel anzupumpen! Die eine kranke, beinamputierte Mutter hat! Wie mich das zermürbt hat, ich habe mich vor Scham gewunden! Ich weiß, wie das ist, habe ich ihr zugeflüstert – in diesem Raum voller Kolleginnen und Poeten, die genauso begierig auf einen Auftritt waren –, ich kenne das... auch meine Mutter liegt im Krankenhaus, wieviel Jahre schon...

Wieviel Jahre schon? Sieben Jahre. Einmal in der Woche die Qual, dorthin zu gehen, alles, was ich mitbringe, schlingt sie im Handumdrehen vor meinen Augen runter, weint und beschwert sich über ihre Bettnachbarinnen, daß sie ihr alles wegessen. Ihre Bettnachbarinnen können aber nicht einmal aufstehen, hat mir die Oberschwester erklärt, wieso also die Klagen? Kommen Sie lieber nicht mehr her, trüben sie unseren Kranken hier nicht das Wasser. Genauso hat sie sich ausgedrückt. Neulich hat sie es noch einmal gesagt, als ich nach einem Monat Pause wegen Timas Krankheit wieder kam: Kommen Sie auf keinen Fall mehr her. Auf keinen Fall.

Zu mir kommt Andrej auch und verlangt das Seine. Er wohnt bei seiner Frau, soll er doch bei der bleiben. Was will er von mir? Frage ich ihn, warum leierst du deiner Mutter das Geld aus dem Kreuz, nimmst es Großmutter Sima und dem Kleinen weg? Antwortet er, warum – darum, los, sonst vermiete ich mein Zimmer, kriege siebzig Rubel und brauche dich nicht mehr. Was heißt dein Zimmer, wundere ich mich schon zum x-tenmal, was heißt deins, gemeldet sind: Großmutter Sima, ich, Aljona mit den zwei Kindern, und erst dann kommst du, außerdem wohnst du bei deiner Frau. Dir stehn hier fünf Quadratmeter zu. Daraufhin rechnet er laut: Ein Zimmer von fünfzehn Quadratmetern kostet siebzig Rubel – aus unerfindlichen Gründen beharrt er auf dieser Wahnsinnszahl –, geteilt durch drei, ergibt dreiundzwanzig Rubel dreiunddreißig Kopeken. Also gut, räumt er ein, für die Wohnung bezahlst du zwanzig Rubel, geteilt durch sechs, das ziehst du ab. Also schuldest du mir genau zwanzig Rubel im Monat. Wenn das so ist, Andrjuscha, sage ich ihm, wenn das so ist, verklage ich dich auf Unterhaltszahlung für deine Mutter, wie gefällt dir das? Wenn das so ist, sagt er, melde ich, daß du bereits Unterhalt von Timkas Papa bekommst. Der Arme! Er ahnt nicht, daß ich einen Dreck bekomme, wenn er das wüßte... Er würde in der nächsten Sekunde zu Aljonas Arbeitsstelle laufen und herumschreien und weiß ich wen anzeigen. Aljona kennt mein Argument und hält sich raus, und ich schweige. Sie hat sich irgendwo mit dem Kind ein Zimmer gemietet. Von was für Geld? Wie sie lebt, geht über meinen Verstand.

Vielleicht zahlt der Vater ihres Babys was für die Wohnung? Sie selbst verheimlicht mir übrigens, mit wem sie lebt und ob überhaupt mit jemandem, sie heult nur, wenn sie kommt, und das war seit der Geburt der Kleinen genau zweimal. Es war wie das Wiedersehen Anna Kareninas mit ihrem Sohn! Ich in der Rolle des Karenin. Zu dem Wiedersehen war es gekommen, weil ich den Mädchen auf der Post (eines der «Mädchen» war so alt wie ich) gesagt hatte, sie möchten der Soundso ausrichten, sie soll gefälligst Timotschkas Geld in Ruhe lassen, und da stand am Tag der Alimentenzahlung Gift und Galle spuckend meine Tochter bei mir in der Tür, einen roten Kinderwagen vor sich herschiebend (aha, wir haben ein Mädchen, registrierte ich flüchtig), sie war wieder fleckig im Gesicht, wie damals, als sie Timka stillte, eine dickbusige, kreischende Kuh, und heulte: «Pack Timas Sachen, ich nehm ihn mit, verdammt noch mal.» Timotschka fing an zu winseln wie ein ganz kleiner Welpe, ich bemerkte ruhig, man müßte ihr das Erziehungsrecht absprechen, wie könne man nur sein Kind einer alten Frau aufhalsen und so weiter und so fort. Sie darauf: «Timka, komm, die macht dich doch ganz krank.» Timka beginnt zu kreischen, ich lächle bloß, dann sage ich, daß sie das Kind wegen fünfzig Rubeln noch ins Irrenhaus bringt, darauf sie: «Du, du hast deine Mutter ins Irrenhaus gebracht», und ich: «Deinetwegen hab ich das getan, du warst der Grund», mit dem Kopf auf Tima weisend, und Tima quiekt wie ein Ferkel, seine Augen sind voll Tränen, er geht weder zu mir noch zu seiner Scheißmutter, sondern bleibt schwankend stehen. Das werde ich nie vergessen, wie er sich kaum noch auf den Beinen halten konnte, der

Kleine, er wankte vor Kummer. Und die im Kinderwagen, die Uneheliche, wacht auch auf und schreit wie am Spieß, und meine dickbusige, breitschultrige Tochter schreit ebenfalls: Du guckst dir noch nicht mal deine eigene Enkeltochter an, für sie ist das Geld! Für sie! Und schreiend zählt sie auf, wovon sie lebt. Ihr lebt hier wer weiß wie, und sie kann zusehen, wo sie bleibt! Ich komme ruhig und lächelnd auf den Kern der Sache, daß doch der ihr das Geld geben soll, dieser Schwanz, der sie gestopft hat und dann abgehauen ist, das ist schon das zweite Mal, daß es mit dir keiner aushält. Da reißt meine Tochter, mein Mamachen, die Decke vom Tisch und wirft sie mir aus zwei Meter Entfernung an den Kopf, aber mit Tischdecken läßt sich bekanntlich niemand totschlagen, ich ziehe mir die Decke vom Gesicht – und fertig. Auf unsrer Plastikdecke liegt nie etwas, kein Krümchen und gottlob auch kein Glas oder ein Bügeleisen.

Das geschah während meiner Hauptbelastungszeit, kurz vor der Rentenauszahlung, ich kriege mein Geld immer zwei Tage nach ihren Alimenten. Meine Tochter lachte nur und sagte, an mich dürften diese Alimente jedenfalls nicht ausgezahlt werden, weil ich sie nicht für Tima verwenden würde, sondern für andere – für welche andern denn, heulte ich händeringend, sieh doch selbst nach, was wir im Haus haben, ein halbes Schwarzbrot und Fischsuppe! Sieh selbst nach, heulte ich und überlegte dabei, ob meine Tochter vielleicht Wind davon bekommen hatte, daß ich einem Mann, der sich «Freund» nennt, für mein Geld Tabletten gekauft hatte, da kommt eines Abends vor der Zentralapotheke ein trauriger, schöner, nicht mehr ganz junger

Mann auf mich zu, nur sein Gesicht wirkt in der Dunkelheit irgendwie aufgedunsen und finster: «Hilf mir, Schwester, mein Pferd stirbt.» Ein Pferd. Was für ein Pferd. Es stellte sich heraus, daß er Jockey ist, sein Lieblingspferd lag im Sterben. Bei diesen Worten knirschte er mit den Zähnen und legte seine Hand schwer auf meine Schulter, so schwer, daß ich mich nicht von der Stelle rühren konnte. Die Hand eines Mannes. Sie kann dich davonjagen oder auf einen Stuhl drücken oder ins Bett, wie es ihm beliebt. Jedoch in der Apotheke kriegt man keine Pferdedosis auf ein Pferderezept, man wird in die veterinärmedizinische Apotheke geschickt, und die ist sowieso zu. Und das Pferd liegt im Sterben. Wenigstens Pyramidon müßte man haben, das gibt es in der Apotheke, aber man erhält nur eine lächerliche Dosis. Ich muß helfen. Und wie eine hypnotisierte Idiotin trabte ich wieder zurück in den ersten Stock und überredete das junge Fräulein, mir dreißig Tabletten zu geben (meine drei Enkelkinder liegen daheim im Bett, es ist schon spät, der Arzt kommt erst morgen, und vielleicht gibt es ja morgen kein Pyramidon mehr usw.), und bezahlte mit meinem Geld. Nicht der Rede wert, nur ein paar Kopeken, aber auch die gab mir der «Freund» nicht zurück, sondern schrieb sich meine Adresse auf, ich erwarte ihn ständig. Was sich in seinen Augen abspielte, was für Tränen da standen, doch keine einzige fiel herunter, als er sich bückte, um mir die Hand zu küssen, die nach Sonnenblumenöl roch (ich habe sie später extra noch mal geküßt – tatsächlich, Sonnenblumenöl) –, was soll man machen, anderenfalls wird die Haut rissig und rauh!

Schrecklich, da kommt der Moment, wo man gut

aussehen *muß*, und dann dieses Sonnenblumenöl, Basis aller längst verschwundenen und unerreichbaren Cremes! Und da soll man schön sein!

Also, lassen wir das Pferd beiseite, um so mehr weil, als ich die drei Schachteln Tabletten in die gierige, schwere, geschwollene Hand legte, von irgendwoher aus dem Hintergrund ein Vampir mit großen Ohren auftauchte. Still, traurig, den Kopf von vornherein gebeugt, trat er unsicheren Schritts auf uns zu und unterbrach unser Gespräch und die Zeremonie des Aufschreibens meiner Adresse auf einer Streichholzschachtel unter Benutzung meines Füllers. Der «Freund» schüttelte den Vampir einfach ab, ohne das Notieren der Adresse zu unterbrechen, der Vampir tänzelte aber weiter hinter seinem Rücken herum, und nach einem weiteren Kuß aufs Sonnenblumenöl mußte der «Freund» sich entfernen, um seinem fernen Pferd zu Hilfe zu eilen, eine Packung aber, zehn Tabletten, teilten sie auf der Stelle und bissen mit gebeugten Köpfen die Pillen aus der Folie. Komische Leute, wie kann man nur eine solche Pferdedosis einnehmen, selbst bei Fieber! Und daß beide krank waren, daran zweifelte ich nicht! Und ob die dämlichen Tabletten, die sie mir aus der Nase zogen, wirklich für das Pferd bestimmt waren? Haben die beiden mich nicht betrogen? Aber das wird sich zeigen, sobald der «Freund» an meiner Tür klingelt.

Also, ich heulte: Sieh doch nach, für wen ich das Geld ausgebe, worauf sie, tränenüberströmt, antwortete, für deinen Andrej, wie immer. Sie heulte wirklich, vor Eifersucht, wie in der Kindheit, aber was hilft's? Ißt du mit uns? Ja. Ich rücke ihr einen Stuhl hin, Timka setzt sich dazu, wir essen die letzten Reste auf, worauf meine

Tochter großmütig wird und uns ein bißchen Geld gibt. Hurra! Timka hat nicht ein einziges Mal in den Kinderwagen gesehen, meine Tochter ging mit der Kleinen in mein Zimmer, und zwischen Manuskripten und Büchern wickelte sie die Uneheliche und stillte sie. Ich schielte durch den Türspalt, ein abgrundhäßliches Kind, keins von uns, Schweinsäuglein, glatzköpfig und fett, und weint auch ganz anders, ganz fremd. Tima stand hinter mir und zerrte mich weg.

Die Kleine ist Aljonas stellvertretendem Direktor offensichtlich wie aus dem Gesicht geschnitten, von dem war sie gezeugt, wie ich aus ihrem Tagebuch weiß. Da hat sie sich ein schönes Versteck ausgesucht, auf dem Schrank unter der Schachtel! Ich wische dort sowieso regelmäßig Staub, aber sie hat es so geschickt versteckt, daß ich erst, als ich bei der Suche nach meinen alten Aufzeichnungen alles um und um graben mußte, darauf stieß. Wieviel Jahre hat es dort gelegen! Jedesmal, wenn sie kam, hat sie besorgt das ganze Bücherregal abgesucht, sie hat wohl vergessen, wo sie es hingelegt hatte. Und ich hatte Angst, daß sie eines meiner Bücher zum Verkaufen wegschleppt, doch nein. Zehn Seiten mit den übelsten Nachrichten für mich!

«Ich bitte Euch, dieses Tagebuch nicht zu lesen, auch nicht nach meinem Tod.

O Gott, was für ein Schmutz, in was für einen Morast bin ich gesunken, Herr, verzeih mir. Ich bin tief gefallen. Gestern bin ich so tief gefallen, daß ich den ganzen Morgen geweint habe. Wie furchtbar, wenn der Morgen kommt, wie schwer, schrecklich, zum erstenmal im Leben aus einem fremden Bett zu steigen, die Unterwäsche vom Tag vorher anzuziehen, ich habe den Schlüpfer zusammengeknüllt, einfach die Strumpfhose angezogen und bin ins Bad gegangen. Er sagte noch, wieso genierst du dich? Wieso geniere ich mich. Das, was mir gestern vertraut und lieb war, sein scharfer Geruch, seine seidenweiche Haut, seine Muskeln, seine anschwellenden Adern, seine Wolle, an der Schweißtropfen hingen, sein Tierkörper, sein Paviankörper, sein Pferdekörper – alles das war mir am Morgen fremd und zuwider, nachdem er mir gesagt hatte, es tue ihm leid, aber er habe um zehn eine Besprechung, er müsse los. Ich sagte ihm, ich müsse auch um elf irgendwo sein, oh, welche Schande, welche Schande, ich fing an zu heulen und rannte ins Bad und heulte da weiter. Ich heulte unter dem Strahl der Dusche und wusch meinen Schlüpfer, ich wusch meinen Körper, der mir fremd war, so als würde ich ihn auf einem Pornofoto betrachten, mein fremder Körper, in dem irgendwelche Reaktionen abliefen, in dem irgendein Schleim brodelte und kochte und alles anschwoll, schmerzte und brannte. Es ging etwas vor sich, das man unbedingt aufhalten und abtöten mußte, sonst wäre ich gestorben.»

(Mein Kommentar: Was da vor sich gegangen ist, sehen wir neun Monate später. – A. A.)

«Ich stand mit vollkommen leerem Kopf unter der Dusche und dachte: Alles aus! Er braucht mich nicht mehr. Wohin soll ich? Mein ganzes vorheriges Leben war wie ausgelöscht. Ich kann nicht mehr ohne ihn sein, er aber braucht mich nicht. Es bleibt nur eins – mich vor den Zug werfen.»

(Da hat sie ja einen Grund gefunden. – A. A.)

«Wozu bin ich noch hier? Er ist bereits dabei zu gehen. Ein Glück, daß ich gestern abend, gleich als ich zu ihm kam, meine M. (das bin ich – A. A.) *angerufen und ihr gesagt habe, daß ich bei Lenka sei und über Nacht bliebe, Mama schrie mir durchs Telefon etwas Aufmunterndes zu, von der Sorte: ‹Ich kann mir denken, was das für eine Lenka ist, du brauchst überhaupt nicht mehr nach Hause zu kommen.›»* (Was ich gesagt habe, war:

‹Ich bitte dich, mein Mädchen, das Kind ist krank, du bist seine Mutter, wie kannst du nur› usw., doch sie hatte den Hörer bereits mit den Worten ‹Mach's gut› aufgelegt, und meine Antwort ‹Was heißt hier gut› hörte sie gar nicht mehr. – A. A.)

«Ich legte den Hörer mit liebenswürdigem Gesicht auf, damit er nichts merkte, und er schenkte Wein ein und saß dann wie erstarrt am Tisch, er dachte über irgend etwas nach, und dann hat er offenbar einen Entschluß gefaßt, aber ich kriegte alles mit. Vielleicht habe ich zu geradeheraus gesagt, ich würde über Nacht bei ihm bleiben. Vielleicht hätte ich das nicht tun sollen, aber ich habe genau das gesagt, in dem Wunsch, mich aufzuopfern, mich ihm ganz hinzugeben, ich dumme Gans!»

(Sehr richtig, dumme Gans. – A. A.)

«Er hielt mit finsterem Blick die Flasche in der Hand, aber mir war bereits alles egal. Nicht daß ich die Kontrolle über mich verloren hätte, nein, ich wußte vom ersten Augenblick, daß ich diesem Mann hinterherrennen und alles für ihn tun würde. Ich wußte, daß er unser stellvertretender Betriebsdirektor war, ich hatte ihn auf Versammlungen gesehen. Nie im Traum wäre mir in den Sinn gekommen, daß so etwas passieren könnte, um so mehr war ich verwundert, als er sich in der Kantine an meinen Tisch setzte und grüßte, allerdings ohne mich anzusehen, ein hohes Tier und viel älter als ich, sein Freund setzte sich dazu, ein Schleimscheißer und Schwätzer mit Löwenmähne und spärlichem Bartwuchs, sein Schnurrbart muß Kraft schlucken, er sieht damit wie ein Schauspieler aus, der einen Milizionär darstellt, aber in Wirklichkeit ist er fast eine Frau, und die Laborantinnen aus unserem Betrieb erzählten von ihm, daß er ein sonderbarer Mensch sei, er laufe manchmal mitten im Gespräch in eine Ecke und schreie ‹Sieh weg!› Was das bedeutete, erklärten sie mir nicht, sie wüßten es selbst nicht. Dieser Schwätzer fing sofort

ein Gespräch mit mir an, und der, der neben mir saß, der schwieg und trat mir plötzlich auf den Fuß…»

(Anmerkung: O Gott, was habe ich da bloß in die Welt gesetzt! Das ist ja zum Graue-Haare-Kriegen! Ich erinnere mich, an diesem Abend begann Tima so merkwürdig zu husten, ich wachte auf, und er bellte regelrecht: wau! wau! – er rang nach Luft, es war schrecklich, er atmete nur noch aus und verkrampfte sich völlig, er wurde ganz grau und bellte die Luft raus, er wurde blau und konnte nicht einatmen, er bellte und bellte und fing vor Angst zu weinen an. Wir kannten das, so was hatten wir schon öfter, halb so schlimm, der Kehlkopf schwillt an, Pseudokrupp, schwere Pharyngitis, ich habe das schon mit meinen Kindern durchgemacht, als erstes muß man sie aufrichten und beruhigen, die Beine in heißes Wasser mit Senf, und den Krankenwagen rufen, aber das schafft man nicht alles auf einmal, das Krankenhaus ist ständig besetzt, eine zweite Person ist nötig, aber hört, was die zweite in dieser Zeit treibt:)

«… der, der neben mir saß, trat mir plötzlich auf den Fuß. Ich begriff nicht, erschrak und zog meinen Fuß weg. Er trat noch einmal drauf, ohne mich anzusehen, und steckte die Nase in die Kaffeetasse, aber lächelnd. Mir stieg das Blut in den Kopf, mir wurde siedend heiß. Die Scheidung von Saschka ist zwei Jahre her, nicht sehr lange also, aber kein Mensch weiß ja, daß Saschka niemals mehr mit mir geschlafen hat. Wir lagen zwar im selben Bett, aber er hat mich nicht angerührt.»

(Mein Kommentar: Albernes Geschwätz! Während ich daheim die Situation meisterte, den Kleinen aufsetzte, seine Händchen streichelte, ihn dazu brachte, durch die Nase zu atmen, na, versuch's doch mal, na, na, mit dem Näschen, so, weine nicht. Ach, wäre nur noch einer dagewesen, um warmes Wasser zu machen! Ich trug ihn ins Bad und ließ das Wasser kochend heiß laufen, wir atmeten zusammen und wurden klatschnaß in dem Dampfbad, dafür aber beruhigte er sich etwas. Mein Goldkind! Immer und überall sind wir beide allein gewesen und werden es immer sein! Eine Frau ist schwach und ratlos, wenn sie selbst betroffen ist, doch sobald es um ihre Kinder geht, wird sie zum wilden Tier! Und was schreibt deine Mutter? – A. A.)

«Wir schliefen zwar im selben Bett, aber er rührte mich nicht an! Damals war ich noch völlig naiv...»

(Kommentar: Lump, Lump, Schweinehund! – A. A.)

«...und war ihm sogar dankbar, daß er mich in Ruhe ließ, das Kind raubte mir alle Kräfte, mein Rücken, den ich ständig über Tima beugte, schmerzte, zwei Monate lang floß das Blut in Strömen, meine Freundinnen fragte ich nicht, von denen hatte noch keine ein Kind, ich war die erste und dachte, das muß so sein...»

(Kommentar: So eine dumme Gans, hättest du es deiner Mutter gesagt, ich hätte gleich gewußt, daß der Lump Angst hatte, sie würde noch einmal schwanger! – A. A.)

«...und dachte, das muß so sein, daß ich nicht mit ihm und so weiter. Er lag neben mir, aß (Kommentar überflüssig – A. A.), *rülpste, pißte, bohrte in der Nase...»*

(Seine Lieblingsbeschäftigung. – A. A.)

«...las, schrieb seine Seminararbeiten und Versuchsprotokolle, schlief wieder und schnarchte leise vor sich hin, und ich liebte ihn zärtlich und hingebungsvoll und war bereit, ihm die Füße zu küssen – was wußte ich schon? Was wußte ich schon?»

(Ach Gottchen, die Arme. – A. A.)

«Ich hatte ihn nur ein einziges Mal, damals, als er mir vorschlug, nach dem Abendessen spazierenzugehen. Die Nächte waren noch hell und warm, wir liefen und liefen, bis wir zu einer Scheune kamen. Warum hat er mich ausgewählt? Als wir am Tag auf dem Feld Kartoffeln sammelten, hatte er mich gefragt: ‹Bist du abends frei›, und ich hatte geantwortet: ‹Ich weiß nicht›, wir wühlten beide in derselben Furche, er mit der Forke, ich mit meinen Leinenhandschuhen hinterherkriechend. Die Sonne brannte, und meine Freundin Lenka rief mir zu: ‹Aljona, paß auf!› Ich sah mich um, hinter mir stand ein Rüde und kniff die Augen zusammen, unten an seinem Bauch hing so etwas wie ein widerlicher Aal.»

(Das hat man davon, wenn man die Mädchen zum Ernteeinsatz läßt. – A. A.)

«Ich sprang zur Seite, und Saschka stieß mit der Forke nach dem Hund. Am Abend sind wir auf den Heuboden gekrochen, er kletterte zuerst hoch und reichte mir die Hand, er redete auf mich ein, hielt mich fest, damit ich nicht wegging, versicherte mir, daß es beim nächstenmal nicht mehr weh tue, schrei nicht, sei still, gleich, ich muß erst wieder zu Kräften kommen, und dann kroch er wieder in das blutige Gemisch, mitten ins Blut, in die zerfetzte Haut, er pumpte das Blut raus – wie war ich doch naiv! Er mühte sich ab, ich winselte vor Schmerzen, das Stroh unter mir war ganz naß, er war unersättlich und ließ mich bis zum Sonnenaufgang nicht weg, offenbar wollte er sich alles das holen, was er bei den Frauen vorher nicht bekommen hatte, er küßte sogar meinen offenen Schoß, kostete alles aus, unersättlich und unerfahren, er wollte etwas Bestimmtes erreichen, in einer Nacht probierte er alles aus, was er gelesen und wovon er geträumt hatte, am Morgen flüsterte er, daß es nichts Schöneres auf der Welt gebe, ich aber stöhnte nur, wenn er an meinen Brustwarzen saugte oder mit

seinem Finger durch meinen Schleim strich. Er wollte etwas erreichen, er suchte, und schließlich fand er es, ich erstarrte, verstummte, mein Herz raste wie wild, bum, bum, bum, mein Schoß war bis zum Rand voll, und ich war jedesmal enttäuscht, wenn er sich von mir erhob, und nahm ihn gierig zurück, umschloß ihn, ließ ihn nicht aus mir raus, versuchte ihn zu zerdrücken, zu verschlingen, dann wurde in der Mitte irgendeine lebendige Saite in mir angeschlagen, er stieß zu, doch sie entglitt ihm, da aber hatte er sein Ziel schon erreicht. Was da in mir angerissen war, schwoll an, nahm den ganzen Schoß ein, und jedesmal stieß er genau da hinein, was für eine Wollust, ja, das war es, Wollust, Glück, und schließlich zersprang die Saite, und es brach aus mir wie aus einem Vulkan, und Wellen gingen durch mich hindurch, ich gab mich meiner Erschöpfung hin, meiner vollkommenen Ergebenheit, der höchsten Erlösung. Da fuhr er plötzlich auf, nahm eine neue Position ein, etwas höher, und begann fest und kräftig zuzustoßen, um die Wollust festzuhalten, er drängte sie nach innen, so daß bald mein ganzer Schoß unter seinen Stößen erbebte und sich zusammenzog, da fing er selbst an zu beben, schmiegte sich an mich, stöhnte, zischte ‹sss-sss›, weinte und schüttelte den Kopf... Und er sagte: ‹Ich liebe dich.›»

(Für so was hat die Menschheit nur eine Bezeichnung: Unzucht. – A. A.)

«Dann lag er völlig regungslos im blassen Morgenlicht, ich kam mir vor wie die eigene leere Hülle, ich zitterte am ganzen Leib und suchte auf wackligen Beinen meine Sachen zusammen. Mein Hemd war unter mich gerutscht und voller Blut. Ich verbuddelte das blutige, nasse Stroh, kletterte vom Heuboden hinunter und wankte zum See, um mein Hemd auszuwaschen, er wankte mir nackt und blutverschmiert hinterher, wir wuschen uns gegenseitig, ließen uns ins Wasser fallen und schwammen und spritzten lange in dem klaren, dunklen See, der so warm war wie

Milch. Und in diesem Augenblick entdeckte uns die brave Komsomolzin Veronika, die sich jeden Morgen als erste die Zähne putzte und wusch. Als sie am Ufer mein blutiges Hemd erblickte, quietschte sie laut vor Schreck, so daß Saschka sogar untertauchte, sah uns mit irren Augen an und fegte davon. Ich stürzte los, mein Hemd auszuwaschen, Sascha zog sich schnell seine Sachen über, und weg war er. Ich glaube, in diesem Moment hat er einen Schock fürs ganze Leben bekommen.»

(Jawohl, und bei diesem grauenvollen, unzüchtigen Akt wurde der reine, schöne, unschuldige Timotschka gezeugt. Warum heißt es bloß, daß nur aus wahrer Liebe schöne Kinder hervorgehen. Timotschka ist herrlich wie ein Gott, trotz aller Schmach und Schande:

Diese Seiten muß ich unbedingt vor den Kindern verstecken! Sie sollen ruhig lesen, wer hier was ist, aber später, sie sollen erfahren, wer ich bin und wer sie ist! Ich muß das Tagebuch wieder auf den Schrank zurücklegen, sie wird es sowieso eines Tages wiederfinden, es wird ihr wieder einfallen, die ganzen Jahre hat sie es wie eine Besessene gesucht, sie stirbt, wenn sie davon erfährt, aber jetzt ist sie weit weg. Und das hier schreibe ich auch für sie, damit auch sie begreift, wessen Leben wie ist! Das soll sie wissen! Mir zum Beispiel hat nie ein Mann weh getan! Von wegen Leiden, alles Illusion! Und ich gestatte mir hier diesen Gedanken: Es ist unglaublich, aber unter solchen Tränen und solchem Stöhnen und in solchem Blut entsteht ein kleines Tröpfchen, ein Pünktchen im Ei, nach einer solchen Explosion und so einem Vulkanausbruch schwimmt eine Kaulquappe über die Wellen, erreicht als erste das Ziel und nistet sich ein, und auf diese Weise entsteht ein jeder von uns! O Betrügerin Natur! O die Allmächtige, wozu braucht sie diese Leiden, dieses Grauen, dieses Blut, diesen Geruch, diesen Schweiß, diesen Schleim, diese Krämpfe, diese Liebe, diese Gewalt, diesen Schmerz, die schlaflosen Nächte, die schweren Mühen für ein angeblich schönes Leben! Von wegen, es geht wieder alles daneben. – A. A.)

«... Ich stand laut schluchzend unter der Dusche in der Wohnung unseres stellvertretenden Direktors, und plötzlich kam er, ein seriöser Mann mit Brille, ins Bad und kletterte zu mir hinter den Duschvorhang, ich schaffte es gerade noch, meinen Schlüpfer hochzuwerfen, über den Vorhang. Er wischte mir die Tränen ab, hockte sich hin, lehnte sich zurück und blickte mich von unten schwer atmend an – du mußt doch los – nein, nein, gleich – du mußt zum Zug – Schweigen, das heiße Wasser fließt – wenn es nur immer so bliebe, wie soll ich ohne dich leben – laß mich, was machst du, du kommst zu spät.»

(Nein, das muß man wirklich für die Nachkommen aufbewahren, im Vergleich zu ihr bin ich geradezu... ich weiß nicht... ein unschuldiger Säugling, selbst wenn dies erst ihr zweiter Mann war, ein Rüde riecht bei ihr die weibliche Schwäche und die Bereitschaft, vor Seligkeit gleich auf den Rücken zu fallen. – A. A.)

«Er zog mich an, fönte mir die Haare, und in heftiger Erregung begann ich wieder zu weinen, als müßte ich mich von meinem eigenen Vater trennen, so wie damals, als Papa für immer von uns wegging und ich mich an seine Knie klammerte, meine Mutter aber riß mich wie toll los und sagte lächelnd: ‹Ich bitte dich, Mädchen, vor wem kniest du nieder, und du geh, verschwinde auf Nimmerwiedersehen› usw.» (Da hat sie ja einen schönen Vergleich gefunden, der eigne Vater und dieser... der Erzeuger dieses Bastards Katja... – A. A.)

«Er sagte: ‹Weine nicht, ich heirate dich, schreib mir post-

lagernd, ich kriege meine ganze Post dort, verlier mich nicht aus den Augen›, er rannte durch die Wohnung, murmelte vor sich hin und sammelte jedes Fusselchen auf, riß die Bettwäsche herunter, legte sorgsam ein neues Laken auf und wälzte sich darauf herum, um festen, einsamen Schlaf vorzutäuschen, dann legte er die gebrauchte, befleckte Wäsche zusammen, wickelte sie sorgfältig in eine Zeitung, packte das Ganze in eine Plastiktüte und gab sie mir. ‹Was soll ich damit?› – ‹Waschen.› – ‹Und danach?› Er überlegte und sagte dann: ‹Alles, wie es sich gehört.›»

(Er hätte ja wirklich sagen können, schenk ich dir, und sie hat die Wäsche wie eine Verrückte im Waschkessel gekocht, gebügelt und ihm dann – ihr glaubt es nicht – zurückgegeben! Doch sie hat völlig recht, Männer wie der können nicht die kleinste materielle Einbuße ertragen! Es wäre allerdings auch irgendwie unanständig gewesen, ich glaube, er hatte recht, daß er nicht sagte, schenk ich dir, so ein Geschenk nach dem ersten Rendezvous?! Aber er hätte es wenigstens unten in den Mülleimer werfen können. War wohl zu geizig. – A. A.)

«Als wir zur Wohnungstür gingen, sah er bedauernd auf seine Uhr und auf das Bett, es war deutlich, er wollte jede Minute nutzen, er suchte nur einen Vorwand, um mir noch einmal alles aufzuknöpfen. Aber aufgeknöpft wurde nichts, er behalf sich so, nahezu ganz bekleidet, er sagte nur, warte, gleich. Alles ging ganz einfach, ich zog meine Strumpfhosen wieder hoch, und er sagte: ‹Geh eine Treppe höher und hol den Fahrstuhl, ich laufe zu Fuß.› Als ich aus dem Haus trat, war er schon längst mit seinem Auto weg, oder er hatte ein Taxi gekriegt – auf jeden Fall hatte er sich in Luft aufgelöst, an der Haltestelle warteten einige Leute auf den Sonntagsbus,

aber er war nicht darunter. Erst in der Metro fiel mir ein, daß ich meinen gewaschenen Schlüpfer über dem Duschvorhang vergessen hatte! O Gott!»

(Die wußte, was sie tat. Denn als die Frau nach Hause kam, schickte sie ihn zum Teufel, klatschte ihm die fremde, nasse Unterhose übers Gesicht und die Brille! Er war aber auch ganz schön durchtrieben, mochte die Kostenlose nicht gehen lassen, quetschte sie bis zum Gehtnichtmehr aus, im bekleideten Zustand! Weshalb bist du so würdelos, warum sagst du nicht nein? – A. A.)

«... Mir standen vor Entsetzen die Haare zu Berge, als ich mir vorstellte, wie seine Frau ins Bad kam, den Vorhang zurückschob und ihr mein nasser Schlüpfer als Geschenk auf den Kopf klatschte! Ganz starr vor Scham bin ich nach Hause gefahren und sitze jetzt hier in der Nacht und versinke beinahe im Erdboden. Jedesmal rutscht mir das Herz in die Hose, wenn ich nur daran denke! Alles ist verraten und entweiht. Und wie hat er mich damals in der Kantine angesehen, bloß von der Seite, und ist dabei mit seinem Fuß genau auf meinen getreten, hat mir auch noch die Hand aufs Knie gelegt und mich mit dem Finger weiter oben gekitzelt, aber bis dahin, wo er wollte, kam er nicht, ich spannte mich und schüttelte seine Hand ab. Mit seinem Freund begleitete er mich galant bis an meine Tür, und unvermittelt sagte er zu seinem Kompagnon: ‹Ich ruf dich nachher an, ich hab hier noch was zu besprechen›, woraufhin dieser seinen unmännlichen Kopf neigte, vieldeutig lächelte und sich davonmachte. Und der stellvertretende Direktor schrieb schnell Adresse und Zeit ins Notizbuch: 20 Uhr und das Datum. Ich fuhr noch am selben Abend zu ihm. Und war glücklich! Auf dem Weg zu ihm war ich glücklich! Und nun dieses dumme, beschämende Ende!»

Ende des Tagebuchs.

Aber das war erst der Anfang. Bald darauf haben Timotschka und ich unsere junge Mutter (22 Jahre) fast gar nicht mehr zu Gesicht bekommen, sie machte ihr Staatsexamen, ihr Praktikum ging zu Ende (in dem Institut des stellvertretenden Direktors), sie verteidigte angeblich ihre Diplomarbeit, aber ihre ganze Freizeit war sie mit diesem alten Mann zusammen (37 Jahre immerhin), sie dachte nur an ihn, und dann kam das bittere Ende. Da kam sie an. – Ich muß mit dir reden. – Ich mit dir übrigens auch. – Ich werde heiraten. – Der ist wohl Bigamist? Man kann nicht mit allen gleichzeitig verheiratet sein. – Das verstehst du nicht, Mama. – Hat er sich etwa von seiner Frau scheiden lassen? – Mama, darum geht es doch gar nicht. – Ach, so ist das, du bist die Geliebte eines verheirateten Mannes! – Ma-ma, begreifst du denn nicht, wir kriegen ein Kind, und er mietet für uns eine Wohnung. – Für euch, also für dich, und er? – Ma-ma! Ich kann ihn doch nicht zu dir bringen! Und dich nehme ich dahin nicht mit – sagte sie plötzlich mit tiefverwurzeltem Haß –, Timotschka hole ich, aber dich nicht! Dich nicht!

Und sie nahm mich nicht mit. Dafür aber die Alimente. Zwar nicht sofort, das muß man ihr lassen. Offenbar erst, als sie begriff, daß er geizig war und nicht mit Geld um sich warf. Die Liebe von solchen Leuten ist immer erhaben und ideal, das heißt die werden nie etwas zahlen, unter keinen Umständen. Eine nichtmaterielle Liebe sozusagen. Ihr Geld brauchen sie immer viel nötiger für sich selbst. Das ist typisch für sie, für eine Kopeke bringen sie sich um! Ständig haben sie irgendwelche Pläne – bald soll es ein Auto sein, bald ein Computer, dann wieder eine Videokamera, ihr ganzes Leben sparen sie für etwas und «heiraten» mit Vorliebe kostenlos, offenbar glauben sie, daß das, was sie in die Frau «einbringen», so etwas wie Valuta sind! Also für so einen haben wir unser Geld ausgegeben, so einen haben wir ausgehalten. Meine arme, bettelarme Tochter, wo bist du?

Nacht. Der Kleine schläft. Ich halte die Festung, obwohl meine Tochter von Zeit zu Zeit Sturm dagegen läuft. Vorm letzten Neujahrsfest, ich vergesse es nie, Tima und ich wollten zu Hause feiern, niemand hatte uns eingeladen, wie immer, wir gingen zusammen auf den Weihnachtsbaummarkt, suchten die schönsten Zweige aus, ganz dichtnadelig, wie Fächer, und machten daraus einen Strauß, einen richtigen kleinen Tannenbaum. Und aus buntem Papier (alte Zeitschriften) schnitten wir Sterne und Tierchen aus – in diesem Augenblick kam Aljona, angeblich hatte sie sich extra aufgerafft, um uns zum neuen Jahr zu gratulieren, für Tima brachte sie einen blauen Plastikkater mit, an Häßlichkeit kaum zu übertreffen, doch Tima ist mit ihm durch die Wohnung gerannt und hat ihn schlafen gelegt, und ich habe dem armen Kind nicht erzählt, daß seine eigene Mutter die Scham ganz und gar verloren und der Familie zwei Kartons mit Weihnachtsbaumschmuck weggenommen hat, nur drei Kartons hat sie uns dagelassen. Ich weinte. Aber die Lichterkette hatte sie vergessen! Und wir haben unseren Weihnachtsbaumstrauß zum Neujahrsfest von oben bis unten beschmückt. Das Glashäuschen hatte ich in weiser Voraussicht woandershin getan. Ein schillerndes Dach und zu beiden Seiten je ein Fenster, Tima sieht so gern durch die Fensterchen, wie Tyltyl und Mytyl aus dem «Blauen Vogel» von Maeterlinck zusammengenommen. Ich zündete die Lichterkette für kurze Zeit an, und unser Häuschen leuchtete auf, Tima und ich machten – zusammen mit dem blauen Plastikungeheuer – einen Reigen um den Tannenbaumstrauß, und ich wischte mir verstohlen die Tränen ab.

Wir tauschten die Neujahrsgeschenke aus: Tima hatte ein Gemälde für mich in Zeitungspapier eingewickelt und zugeklebt, und ich hatte ihm aus alten Stoffresten eine ganz hübsche Puppe fürs Kaspertheater genäht, die man über die Hand ziehen kann. Vier hat er jetzt schon. Ich kriege so eine Puppe nur mit Mühe zustande, ein hübsches Gesicht will mir nie gelingen, ich habe Probleme mit der Nase, ich mache einfach ein Komma. Aber ich kann ihm nicht dauernd was kleben, schneiden, nähen, jetzt will er das schon allein machen, aber ihm soll immer alles gleich beim erstenmal gelingen, dabei wird er so schnell müde! Schon nach zehn Minuten quengelt er, er ist noch zu klein, seine Hände sind ungeschickt, alles macht er verkehrt, und nach einer Minute hat er den Faden verheddert und zerrt wütend an ihm. Und ich habe anderes zu tun, ich muß arbeiten! Er zuckt mit dem Mund. Der nervöse Tick.

Auch Andrej wollte ich ein Geschenk machen, ich habe ihm die «Regeln des guten Benehmens» gekauft, eine Broschüre, aber er hat sie nicht angenommen und forderte am Telefon grob seinen gewohnten Preis, fünfundzwanzig Rubel. Dabei hatte ich den Text schon durchgearbeitet und einige Leitsätze dick unterstrichen, die das sogenannte Benehmen im täglichen

Leben betreffen. Andrej drohte übrigens wieder, sich aus dem Fenster zu stürzen.

Allerdings hat er das nicht zu mir gesagt, sondern zu seiner Frau, wer weiß, was die ihm wieder an den Kopf geworfen hat, das letzte Mal hat er nicht gedroht, er hat es einfach nicht mehr ausgehalten und ist tatsächlich aus dem ersten Stock gesprungen, im Zustand totaler Trunkenheit, wie später im Krankenhaus festgestellt wurde. Beide Beine waren gebrochen, er war unglücklich auf dem Asphalt aufgeschlagen. Er lag längere Zeit im Krankenhaus, und jetzt tut ihm die Ferse weh.

Die Schmerzen sollen, wie seine Frau sagt, unerträglich sein, doch äußerlich ist nichts zu sehen. Irgendein Fersennerv ist verletzt. Für Tätigkeiten im Gehen und Stehen ist er untauglich, er kann nur im Sitzen arbeiten. Und so eine Stelle finde mal! Wo er sich auch mal hinlegen kann. Nur bei der Feuerwehr oder als Wächter. Eine Tragödie! Fünf Jahre ist das nun schon her. Beide Beine, aus dem ersten Stock, vor fünf Jahren.

Ich fürchte sie beide, Mann und Frau. Sie sagt am Telefon, bei ihnen ist alles in Ordnung, gestern habe er ihr den Ärmel vom Morgenrock gerissen, aber sonst sei alles in Ordnung. Sie ist Krankenschwester. Schwerarbeit, aber sie kümmert sich um ihn und gibt ihm schmerzstillende Spritzen, Beinmassage, Fußbäder, dabei ist er noch jung! Und Aljona ist nur zwei Jahre jünger als er, bei unserem letzten Wiedersehen – Anna Karenina und ihr Sohn – habe ich ihr bei der Fischsuppe gesagt, du mußt dich pflegen, was ist aus dir geworden! Sie wandte die Augen ab, füllte sich langsam mit Tränen, schwoll an. Der Haß auf mich stieg wieder in ihr hoch. Sie stand auf, weder «danke» noch «ph!», für Tima nicht einen Blick, und schob mit dem Kinderwagen davon. Eigenhändig hat die den Wagen mit der Dicken vom dritten Stock runterbugsiert, Fahrstuhl gibt es nicht, das ist wie ein Fluch.

Solche Eifersucht hatte sie in der Kindheit, das ging dann vorbei, in ihrer Jugend haben sie sogar nächtelang in der Küche gesessen und miteinander geredet, und ich, die ich ihren jugendlichen Gesprächen mit Freuden gelauscht hätte und meine Tür angelehnt ließ, wurde abgewiesen. Die Küchentür war genauso fest verschlossen wie ihre Seelen. Als Andrej ins Gefängnis kam, schrieb sie ihm sogar, aber darauf komme ich noch. Sie schrieb ihm, bis sie uns diesen Holzklotz ins Haus brachte, der weder weiß, wie er sitzen noch wie er stehen soll und selbstvergessen alles in sich hineinfrißt, was der Kühlschrank hergibt. Rasiert sich jeden Morgen in Ekstase vor dem Spiegel, eine halbe Stunde diese Vorstellung, er streichelt sich mit dem elektrischen Rasierapparat. Joga-Meditation. Halbgeschlossene Augen, wenn man ins Badezimmer hineinschaut, weil man dringend was braucht, offenbar völlig geistesabwesend, der nasse Timotschka schreit, meine Tochter hat jeden Morgen eine schwere Geburt auf dem Klo, Andrej, frisch aus dem Gefängnis, kann weder hierhin noch dahin, weder ins Bad noch aufs Klo, wenn er morgens aufsteht, er sitzt wütend in der Küche, wo sein Schlafsessel steht, und jagt mich raus, um in Einsamkeit seine Tasse Kaffee zu trinken. Eine bittere Tasse Kaffee. Ein Jahr später ist er gesprungen, aber bei seiner Frau und nicht in unserer überfüllten Wohnung.

Ehrlich gesagt, er hat seine Jugend hinter sich, die Jugend eines bärenstarken Bullen, der bereits saß, als alle anderen bei der Armee dienten, wegen einer Schlägerei. Liebe, Liebe und nochmals Liebe und Mitleid mit ihm beherrschten mich, als er aus dem Arbeitslager kam. Ich wartete an einem Ausgang des Butyrkagefängnisses auf ihn, doch er kam durch den anderen raus und fuhr mit dem Bus so, wie er war, ohne Fahrkarte, durch ganz Moskau, ohne Geld, das letzte Stück ging er zu Fuß. Und ich wartete verwirrt und durcheinander vergebens auf ihn, ich rannte nach Hause, da sitzt er schon da, zwanzig Jahre, von Kopf bis Fuß in ihrer Gefängniskluft. Und das Schwulenkäppi, so nannte er die Mütze, die auf dem Tisch lag. Alles schwarz wie Kohle. Und es war schon Frühling, eine Menge Leute auf der Straße, die haben ihm alle hinterhergesehen. Er sah aus wie ein Held, so ausgemergelt, ich hockte mich hin und zog ihm die Schnürstiefel aus. Leise fragte er mich in der Küche: Und wer ist der da? Was soll das alles bedeuten? (Ternopol erschien gerade auf der Bildfläche, er hatte geschlafen, die machen keinen Unterschied zwischen Tag und Nacht.) Und dann fing Tima auch noch zu schreien an. Dahin bist du nun zurückgekehrt, mein Sohn. Tima hatte nachts mit mir nicht geschlafen, ich schlafe nachts nie, tagüber schlief er nicht mit ihnen, wenn sie zu Hause saßen, und das taten sie beide. Ich bin Poet, ich bin immer und ewig zu Hause. Und dieses eine Mal war ich nicht da, dieser Ternopol öffnete die Tür. Was da für Fragen gestellt worden sind, habe ich nie erfahren. Jedenfalls fragte Andrej mich: Und wer ist der da? Was soll das alles bedeuten? – als er sah, daß ich mir noch ein Söhnchen angelacht hatte. Ich versuchte, ihm alles zu erklären, ich sagte, wir hätten ihm nichts davon geschrieben, um ihn nicht aufzuregen.

«Ich wäre besser nicht hierhergekommen», sagte Andrej, «ich fürchte, ich handle mir noch mal Knast ein», er sei sowieso fertig mit allem, ihm sei egal, was mit ihm passiert – ich hatte ihn gleich darüber aufgeklärt, was das für eine Type war und was es für Kraft gekostet hatte, ihn mit Aljona zu verheiraten. Gerade da kam dieser Ternopol an der Küche vorbei, verquollen vom Schlaf, verdrückte sich im Klo und rüttelte dort mit dem Riegel, der ging schwer zu, keiner hat ihn je benutzt, alles Verwandte. Jeder fragt, ist jemand drauf?, aber den Riegel hat nie einer vorgeschoben. Er war verrostet, nie hat ihn jemand benutzt. Der Ternopol rüttelte vor lauter Angst wie ein Kaninchen daran. Er war sich ja selbst nicht sicher, in was für eine Familie er da eingeheiratet hatte und wer bei uns den Ton angab, mit Hängen und Würgen hatte er geheiratet, aber noch war er nicht in unserer Wohnung gemeldet. Mit Hilfe von anderen habe ich ihn zum Heiraten gebracht, mit Hilfe von Aljonas Freundinnen, die mit beim Kolchoseinsatz waren, um den Kolchosbauern bei der Ernte zu helfen, die sich einen Dreck darum scherten. Im Juni wurde Tima geboren, Andrej kam sechzehn Tage später. Das reinste Sodom und Gomorrha. Ich sah ein Unglück kommen. Woher konnte ich wissen, was mein einzig geliebter Sohn, mein Unglückskind, jetzt wieder im Schilde führte? Die Muskeln waren geschwunden, das jugendliche Fettpolster war auch weg, die weichen Lippen hart, eine Schönheit – die Augen gingen einem über. Ganz und gar in asphaltfarbener Einheitskluft.

Die Situation war also folgendermaßen: Dieser Ternopol hatte uns gerade noch geheiratet, im Dekanat hatte man ihm deutlich zu verstehen gegeben, daß er Schwierigkeiten bekommen könnte, wenn er nicht heiratete: beispielsweise die Einberufung in die Armee. Die Familie bekam ihn das erste Mal zu Gesicht, als der achte Schwangerschaftsmonat bereits begonnen hatte. Mein Leidenskind, mein ewiger Schmerz, meine Aljona, brachte ihn an. Er machte ein Gesicht, als seien Seine Majestät mißmutig, «Seine» groß geschrieben. Seine Majestät von ganz Rußland und Ternopol. Man bat Seine Majestät zu Tisch, Seine Majestät erlaubten sich, den Blick nicht zu heben, Aljona war ganz aufgedunsen, jung – schrecklich, eingefallene Augen, blaue Lippen, strähnige Haare. Ich meinerseits habe mich in keiner Situation so gehenlassen, die Haare immer picobello! Die Haare sind die Hauptsache, nichts geht über volles, frisch gewaschenes, frisiertes Haar! Und, sofern man hat, noch frische Haut, aber die macht das Spazierengehen, früher tat ich das gern, jetzt wetze ich nur noch hin und her.

Aljonka, sage ich, als ich mit dir schwanger war, habe ich mich nicht so gehenlassen. Raff dich auf, geh dir den Kopf waschen. Was ist los? Du gehst doch nicht in Trauer? Bist du etwa das erstemal schwanger?

Darauf sie: Liebster, hab ich dir schon gesagt, daß meine Mutter eine Macke hat?

Selbst er zuckte zusammen. Aber man sah, daß er noch ein kräftiger Bursche war, von sich und seinen Kräften überzeugt.

Sie gingen ins andere Zimmer, das frühere Kinderzimmer, und setzten sich dort zu Tisch, sie brachte ihm das Essen. Sie verspeisten ihren Salat, Kartoffeln mit Zwiebeln und Mayonnaise, karges Frühjahrsessen, danach einen Kübel Suppe und dann unsere letzten drei Buletten, die ich selbst durchgedreht und Gott sei Dank mit einem halben Brot verlängert hatte. Ich wartete auf Andrej, der aus dem Gefängnis entlassen werden sollte, und sparte sogar bei Aljona, von mir selbst ganz zu schweigen. Ich brauche absolut nichts, ich werde schon von einer Tasse Tee dick, so weit ist es gekommen. Seine Majestät vertilgten die drei Buletten, Aljona bekam, glaube ich, gar nichts ab. Ich gab ihr in der Küche heimlich meine Portion und sagte ihr zunächst noch in seiner Abwesenheit: «Der Junge hat aber einen Appetit! Hier, iß meins.»

Sie sah mich ganz ruhig an, es kochte in ihr, und plötzlich fing sie zu weinen an: «Ich hasse dich! O Gott, wie ich dich hasse!»

«Was hast du denn? Er ist ausgehungert, ich verstehe ja. Aber du mußt auch an das Kind in deinem Bauch denken. Wird er übrigens Geld fürs Essen zahlen, oder wird er auf deine Kosten fressen? Du weißt selbst, was ich verdiene, ein Poet nagt immer am Hungertuch.»

Graphomanin, versetzte meine Aljona darauf.

Das bin ich gewohnt.

Zu dieser Zeit trug sie ihren Timofej im Bauch, das konnte ich ja nicht ahnen – meinen Timka, benannt nach irgendeinem Vorfahren aus Ternopol. Ich hätte sie auf Händen getragen, wie aber hätte ich damals Aljonka und den Kleinen und außerdem noch diesen Ehemann, der uns auf der Pelle saß, ernähren sollen? Der Teufel hat ihn uns ins Haus geweht, diesen Feigling, der Schiß hatte, in die Armee zu müssen, falls er sich weigerte, uns zu heiraten, der Schiß hatte, daß sie dort aus ihm seiner Schönheit wegen einen warmen Bruder gemacht hätten – und was hat Andrej alles im Lager durchmachen müssen? Was mußte er alles über sich ergehen lassen? Wie wird man ihn dort verhöhnt haben? Wie kann man bloß all seine Leiden wiedergutmachen, wenn die eigene Schwester zu seinen Lasten auf meine Kosten ißt und trinkt?

Unser Ehemann heiratete uns also, sie saßen bescheiden im Kinderzimmer, mit zwei Trauzeuginnen. Nicht die, die mit ihnen zusammen beim Ernteeinsatz waren, die wollte er offenbar nicht. Ich opferte Heringssalat, Fleisch mit Makkaroni und Kuchen aus Trockenfrüchten. Morgens nach dem Aufstehen rieb sich Aljona die Augen und schlurfte vor mir in die Küche, um ihm aus den letzten drei Eiern ein Omelett zu braten, bestimmt ausschließlich für ihn, den Ehemann. Bestimmt stand sie selbst mit der Serviette wie ein Lakai neben ihm. Hinterher habe ich ihr gesagt: «Lakai, he, Lakai, hier waren noch drei Eier für uns beide, ich wollte Plinsen backen. Wir haben nichts mehr zu fressen. Dreißig Rubel könnte er ruhig bezahlen, ist irgendwie unanständig, des Fressens wegen zu heiraten. Morgens kannst du ihm Grießbrei mit Wasser kochen. Was wird aus dir, womit willst du das Baby ernähren, deine Brüste werden leer sein! Ausgetrocknet, wie du bist!»

Ich wollte sie umarmen und weinen, aber sie stieß mich zurück. So verlief unser Leben. Sie brachte sich halb um, um ihrem Ehemann nur alles recht zu machen, ihrem Liebsten, wie sie ihn nannte. Nicht zum Aushalten, ich verließ einfach mein Zimmer nicht mehr. Den Kühlschrank habe ich abgestellt, erstens wegen des unnötigen Stromverbrauchs, und zweitens, wie sollte ich, die beleidigte, einsame, im Stich gelassene Mutter, denn auf die «gierigen Gäste» reagieren, die alles wegputzten, was ich nach stundenlangem Anstehen nach Hause schleppte? Solche «gierigen Gäste» drückten sich die Klinke in die Hand, alle waren gerührt von der Situation des hungernden schwangeren Paares in den Flitterwochen, und Seine Majestät trugen triumphierend *ihre* Kartoffeln in die Küche, *ihre* hundert Gramm Butter und *ihren* Wurstzipfel. Angenehme Gerüche stiegen mir in die Nase, und es ging sogar so weit, daß sie meinen einzigen Teekessel davontrugen, und ich, die ich angesichts der Rückkehr meines einzig geliebten Sohnes aus dem Arbeitslager hungerte, ich mußte mein Wasser im Topf kochen, einfaches Wasser mit nichts drin, und so nahm ich zum Abendbrot, Frühstück und Mittagessen Tee mit trocken Brot zu mir – so wie er dort leben mußte, so ich hier.

«Meine Mutter hat nicht alle Tassen im Schrank», erklärte sie ihren Gästen, als ich auf dem Flur mit einem Topf puren heißen Wassers erschien. Ich dachte nicht daran, einen von denen zu grüßen. Aber mein Haß auf den Herrscher von ganz Rußland und Ternopol schweißte sie anscheinend zu einer halbwegs einträchtigen Familie zusammen. Sie machten sich über mich lustig. Sie sang die Solopartie und er die Baßstimme, mit einem Wort, sie sangen auf meine Kosten, und ich träumte doch nur davon, daß beide verschwänden und Andrej das Kinderzimmer überließen, aber wo sollten sie hin? Wohin? Ich eröffnete ihnen, daß ich den Ehemann nicht in der Wohnung anmelden würde, so kämen sie schneller zu einem Familienzimmer im Wohnheim. Da brach ein Orkan in unserem Haus los, Aljona heulte. «Ach, der hat dich doch wegen der Zuzugsgenehmigung nach Moskau geheiratet», sagte ich. «Er kann ja wieder zurückheiraten.» Aljona überlegte und überlegte und ergriff ihre Maßnahmen, erklärte mir mit seiner Hilfestellung, daß sie dann dagegen sei, daß sich Andrej nach dem Gefängnis in unsrer Wohnung anmeldet. Sie habe dazu das Recht. Das saß! Jeder verkroch sich in seinem Zimmer, um sich zu beruhigen, wie immer nach einem großen Streit. Dann erschien sie bei mir, ich zitterte, tat aber so, als arbeitete ich.

«Du wünschst mir wohl den Tod?» fragte sie (immer noch) tränenüberströmt.

«Warum solltest du sterben, lebe mit deinem künftigen Wechselbalg, aber merke dir: Wenn eure Familie nur auf dieser Zuzugsgenehmigung nach Moskau basiert, dann zweifle ich ehrlich gesagt daran, ob so eine Familie es wert ist, Andrej zu opfern, der nicht weiß, wo er hin soll, und Mama, die im Irrenhaus ist.»

Damals heulte sie bei jeder Gelegenheit, die Tränen flossen in Strömen aus ihren weit geöffneten Augen, meine hellen Äuglein, was habt ihr mit mir gemacht, was habt ihr alle bloß mit mir gemacht!

Ich wollte sie umarmen, und merkwürdigerweise stieß sie mich nicht zurück. Ich legte meine Hand auf ihre Schulter, auf ihre magere, bebende Schulter.

«Gut», sagte sie, «ich weiß, daß du mich und mein Kind nicht haben willst, daß du immer nur diesen Verbrecher liebst. Stimmt's? Willst du, daß ich sterbe? Oder mich in Luft auflöse? Da hast du dich verrechnet. Sieh dich vor, wenn irgendwas mit meinem Liebsten passiert, dann kann sich Andrjuscha auf noch ein paar Jährchen gefaßt machen!»

So redete sie von ihrem eigenen Bruder, dem Unglückskind, der acht Freunde mit seiner Brust gedeckt hatte! Um den sie nächtelang geweint hat – ich habe es selbst gehört –, dem sie lustige Briefe schickte und sich geniert hatte, sie mir zu zeigen. (Ich las sie trotzdem und war begeistert, aus ihnen sprach eine künftige Schriftstellerin. Einmal sagte ich ihr das und zitierte zum Beweis einen lustigen Satz aus ihrem Brief – da brach abermals ein Orkan los, ich spioniere ihr nach, ich veranstalte Durchsuchungen bei ihr!) Allerdings hat sie nur die ersten zwei Monate um ihn geweint, die restlichen neun Monate hatte sie allen Grund, um sich selbst zu weinen.

Und nun warteten alle auf die Amnestie zu Ehren des 9. Mai![1]

«Nicht genug», sagte sie leise, «nicht genug, daß du uns und unseren Freunden nachspionierst, nicht genug, daß du unseretwegen die Miliz geholt hast, du hast auch noch Saschas Wehrpaß geklaut! Er hat ihn überall gesucht! Er ist fast verrückt geworden!»

«Was?» sagte ich, nahezu sprachlos. «Ich, seinen Wehrpaß? Dein Ternopol soll mir den Buckel runterrutschen!»

«Und zwei Tage später hast du ihn heimlich wieder zurückgelegt!»

Das waren ja Paranoiker! Schizophrene! Der reinste Verfolgungswahn! Fürs letzte Geld habe ich mir ein Schloß gekauft und einen sehr netten Schlosser bestellt, der es an meiner Zimmertür anbringen sollte. Der Schlosser verlangte nur einen Rubel und machte seine Witzchen mit mir: Er suche gerade eine Frau. Der

1 Tag des Sieges der Alliierten im Zweiten Weltkrieg, *Anm. d. Übers.*

Dummkopf, er hatte keine Ahnung, daß ich gerade im Begriff war, Großmutter zu werden! O heilige Einfalt der einfachen Leute, denen jeder beliebige Mensch sympathisch ist. Schranken existieren für sie nicht, weder altersmäßig noch sozial.

Am nächsten Tag kam der Schlosser mit einer Schachtel Pralinen an und wurde von meiner Tochter mit der Frage empfangen: «Wen suchen Sie?» (Ich stand weiter hinten in meinem Morgenmantel mit den Kamillenblüten.) Er winkte mir von der Tür aus mit der Schachtel zu: «Hier, was zum Naschen.» Er selbst hatte auch ganz schön genascht. Meine Tochter sagte laut und deutlich: «Mama! Das kann doch nicht dein Ernst sein!» Worauf mein Galan, der sich ein bißchen Mut angetrunken hatte, in Verwirrung geriet und im Schoß der Ewigkeit verschwand, er kündigte uns fristlos.

Als sich die Tür hinter ihm schloß, brach meine Tochter in Lachen aus: «Mama, genau das ist der Typ, der die Zuzugsgenehmigung nach Moskau sucht, sei vorsichtiger, sonst holst du dir noch was Ansteckendes oder Filzläuse, dann kommst du mir nicht mehr ins Bad und noch weniger an das, was ich erwarte.»

An meinen herzallerliebsten Timotschka sollte ich nicht randürfen!

«Bevor du nicht eine Bescheinigung bringst, daß du nicht geschlechtskrank bist.»

So hat sie sich siegestrunken ausgedrückt.

«Wir sind bei der Schwangerenberatung alle vor der Syphilis gewarnt worden, wir sollen nicht von den Wasserautomaten auf der Straße trinken, und dann noch der!»

Natürlich. Als werdende Mutter und nunmehr auch Ehefrau ging sie im Triumph zu den Vorträgen in die Schwangerenberatung, alles schön und gut.

Ich habe mich in meinem Zimmer eingeschlossen und lange heiße Tränen geweint. Ich war damals erst fünfzig! Noch eine junge Frau, nur die Gelenke schmerzten schon ein bißchen, mein Blutdruck war noch völlig in Ordnung, alles war in Ordnung, alles! Nachts konnte ich allerdings nicht mehr schlafen, döste ein und wachte wieder auf, döste ein und wachte wieder auf. Dann aber begann sich mein Leben mit lawinenartiger Geschwindigkeit zu verändern. Aber darüber wollen wir lieber den Mantel des Geheimnisses breiten, jedes Ding hat sein Mysterium, auch das Grab, davon erzählt man nichts. Ihr armen alten Leute, ich weine um euch. Wie jung war ich damals noch und wie wenig habe ich das zu würdigen gewußt, ich hielt mich bereits für eine uralte Frau! Nicht daß ich den Mut verlor, nein, ich träumte immer noch davon, mir einen Rock zu nähen oder ein Kleid, ich suchte im Billigladen nach Stoffresten und stellte mir alles mögliche vor. Dann wieder wollte ich mir einen Pullover aus billigem Baumwollgarn stricken. Ein Rätsel sind sie dennoch – meine Träume auf dem Höhepunkt der Tragödie! In der Asche unserer Familientrümmer wollte ich Spitzen häkeln, am Vorabend der Ankunft der beiden von mir so geliebten Wesen Timka und Andrej!

Immer nehme ich mir vor, aus den damals angeschafften Stoffresten etwas für Tima zu nähen, aber ein Hemdchen für ihn schaffe ich nicht, außerdem gibt uns ja meine Freundin Mascha manchmal was von ihrem Jungen, nicht alles natürlich, die guten Sachen nicht, einen Anorak oder gar Lederturnschuhe, o nein! Nur die Lumpen. Eine Schuluniform haben wir auch schon! Ich sammle alles.

Aber wie immer Mascha sich auch verhalten mag, sie ist trotz allem der einzige Mensch, der mir geblieben ist. Es ist hier nicht der Platz, lang und breit über mein Leben zu erzählen, zum Beispiel über meine früheren Freundinnen, die sich auf einmal in Luft auflösten, sich ganz auf ihre Familie zurückzogen, als ich von meiner Stelle gefeuert wurde, dabei hätte nicht *ich* es sein dürfen, die man feuerte. Meine ganze Freundschaft reduziert sich jetzt darauf, daß ich sie scheinbar unbefangen anrufe und alle zwei Monate diskret zu ihr gehe, um mich durchzufuttern. Davon war ja schon die Rede, wie von meiner gegenwärtigen Sparsamkeit. Auch damals, vor der Ankunft der zwei von mir so geliebten Wesen – Timka und Andrej –, mußte ich sparen. Meinen Untermietern stand dagegen ein Stipendium zur Verfügung. Sie wurden sogar vom Gewerkschaftskomitee unterstützt, gar nicht zu reden von den wild gewordenen Gästen, die von Zeit zu Zeit für das Recht, einen Abend in einem warmen Haus verbringen zu dürfen, etwas zu fressen mitbrachten. Und die, die über Nacht blieben und bei ihnen auf dem Fußboden kampierten (meine beiden Dummerchen waren ganz gerührt von diesem Liebesbeweis und feuerten ihre Freunde sogar noch zu solchen Kommuneversuchen an) – solche Nachtlagerer also waren erst recht dazu verdammt, die ganze Horde zu versorgen. Manchmal tranken sie auch. Ich war eisern und habe regelmäßig Skandal gemacht, die Miliz angerufen und gegen den Aufenthalt Unbefugter in meiner Wohnung nach 23 Uhr protestiert! Einmal kam ein Milizkommando anmarschiert, sie lärmten im Flur, weckten meine Untermieter und ihre nächtlichen Besucher und verlangten die Ausweise. Das verscheuchte die Nachtlagerer und rief bei meiner Tochter einen verstärkten Haßausbruch hervor. Der Herrscher von ganz Rußland und Ternopol traute sich nicht einmal mehr, in meine Richtung zu blicken, so fürchtete er sich, an ein einfaches «Guten Tag» war überhaupt nicht zu denken. Eine griechische Tragödie! Andrej, du wirst dich zusammenreißen müssen, Andrej, beschwor ich ihn im Geiste, die bringen dich wieder ins Gefängnis!

Aber ich wünschte ihnen nichts Böses, angesichts ihrer großen Armut kochte ich jeden Morgen, den der Herr gab, Haferflocken, die ich in Reserve hatte, angeblich für mich, für meine kranke Leber, und dann fand ich den leeren, dafür schmutzigen Topf vor. Gott sei Dank haßte dieser Sascha seit seiner Kindheit Haferbrei. Ihm wurde übel davon. Aber meine Tochter konnte nicht genug kriegen. Es gelang mir leider nicht herauszufinden, was er außerdem nicht mochte, er putzte alles ratzekahl weg. Aber nicht mein Essen, sondern das von seiner Frau. War er endlich in die Bibliothek abgehauen (die Frühjahrsexamen standen vor der Tür, und jedesmal dauerte es eine Ewigkeit, bis er mit dem Rasieren und Kämmen fertig war), ließ ich für Aljona in der Küche heimlich mein Süppchen stehen und eine Fischmahlzeit – und bekam immer wieder die Aufforderung, das schmutzige Geschirr gründlich mit heißem Wasser abzuwaschen! Aber das war ja nicht neu.

Wie zärtlich ich meine Tochter liebte, ihren mageren Rücken, denn das Gesicht zeigte sie mir nicht, ihre rosigen, schmutzigen Hacken in den abgetragenen Schlappen. Ich hätte sie von Kopf bis Fuß gewaschen, gefüttert, sie hätte bei mir die letzten Tage vor der Entbindung auf reinen Laken gelegen, auf flaumweichen Kissen, unter der Atlasdecke (die hatte ich einstweilen weggepackt), aber sie, sie rannte durch die Gegend, legte vorzeitig ihr Examen ab, schaffte es, ihre Lehrer vorher abzufangen und sie mit ihrem Bäuchlein weich zu stimmen. Ich weiß es doch! Sie hat es allen am Telefon erzählt, und ich bin nicht taub! Unser Telefon hat eine kurze Schnur, man kann es nicht ins andere Zimmer tragen, es blieb in der halbgeöffneten Tür hängen. So gehörten alle Neuigkeiten mir. Sie hatte Prüfungen, und ich schrieb in Erwartung der Amnestie, des Sommers und der Freiheit aufmunternde Briefe in die schreckliche Menschenhölle, wo der gepeinigte Andrej schmachtete. Und meine Tochter mühte sich weiter ab, ihren Ehemann satt zu kriegen. In Gedanken hatte ich mich schon an ihn gewöhnt und nannte ihn den «gefräßigen Kater», natürlich als Reim auf den zukünftigen «Vater». Aljona hatte aufgehört, Andrej zu schreiben, und ich übermittelte in meinen munteren Briefen täglich Grüße von ihr und erklärte ihr Schweigen mit den Prüfungen. Ich schrieb, ich mache mir Sorgen, daß Aljona zu viel lerne, und daß ich Angst hätte, sie lande am Ende noch im Krankenhaus – ich prophezeite Unheil.

Eines Abends wankte ich nach Hause – ich hatte mir in der Bibliothek Material aus der Zeitungsrubrik «Aus dem Gerichtssaal» herausgesucht und nichts gegessen, zu Hause konnte ich natürlich nicht arbeiten wegen des Lärms und der aggressiven Stimmung: lautes Lachen, Türenschlagen, stundenlange Telefongespräche, in denen ich Thema Nummer eins war, das verrückt gewordene Mamachen, die Geschichte mit dem Schlosser, der Tripper hatte, haha, war besonders beliebt – und traf zu Hause auf vollkommene Stille. Zehn Uhr abends und keiner da. Ich aß in der leeren Küche (hurra!) Abendbrot, wusch mich leise und mit allen Finessen und legte mich unbeschwert in mein sauberes Bett, um wie üblich um zwölf wieder aufzuwachen, diesmal aber von der vollkommenen Stille. Ich stand auf und ging vor ihrer Tür auf und ab, dann stieß ich sie in panischer Angst auf – Dunkelheit. Ich blickte mich um – alles leer. Ich ging hinein – das Bettzeug auf der Couch, aber auf der Decke ein getrockneter Blutfleck. Rostrot auf Blau. Mein erster Gedanke war, er hat sie umgebracht. Der zweite, unmittelbar darauf – die Wehen haben begonnen.

Sascha kam um zwei Uhr nachts stark angetrunken nach Hause, dieser Mistkerl, und wankte schweigend an mir vorbei ins Klo, wo der Mistkerl sich übergab.

«Was ist passiert?» fragte ich ihn durch die Tür. «Was ist passiert? Wo ist Aljonka?»

Er spülte und kam weiß wie die Wand heraus.

«Aljona hat entbunden», sagte er.

«Ich gratuliere. Was denn?»

«Ein Sohn.»

«Wo sind sie?»

«In der fünfundzwanzigsten Entbindungsklinik.» Und er fiel um wie ein besoffenes Schwein. Ich ließ ihn liegen, wo er lag, ich bin nicht seine Mutter, daß ich ihn abschleppe, und machte erst lange das Klo sauber, dann stürzte ich zu ihm ins Zimmer, fand dort das Bündel mit den Kinderklamotten und wusch und kochte die ganze Nacht die Lumpen, die sie sich bei Bekannten zusammengesammelt hatten. Doch mein Baby kam schließlich ganz in Spitzen aus der Entbindungsklinik heim, denn nun trat ich in Aktion, telefonierte mit fröhlicher Stimme systematisch alle Frauen ab, die ich kannte, um sie von dem glücklichen Ereignis zu informieren, fragte, ihre Verwunderung gar nicht erst abwartend, ob sie Sachen für ein Neugeborenes hätten, nicht unbedingt sie selbst, aber vielleicht ihre Verwandten. (In den Läden gäbe es nichts, alles sei wie leergefegt, log ich geschickt, in einem gab's was, aber zu schäbig für uns.) Ich genierte mich nicht mal zu fragen, ob jemand alte, zerschlissene, weiche Laken für Babyunterlagen habe. Der gefräßige Kater klapperte dann wie ein Dienstbote alle positiven Adressen der Umfrage ab, er schleppte sogar ein Stück Kinderseife an. Es geschah sogar, daß er stundenlang bügelte, abends aber verschwand er regelmäßig, wonach sich die ganze Geschichte mit dem Saubermachen des Klos stets wiederholte. Ich verbot ihm kategorisch, jemanden mitzubringen, wo ein Kind ist, da ist kein Platz für dieses Gesindel, die schleppen sofort Wanzen an. Er hielt sich daran, und am Tag brachte er Aljonka in einem Einweckglas Hühnchen, Bouillon im Thermosbehälter und Saft, ich machte meinen Geldbeutel weit auf, was konnte er schon bieten, dieser junge Hund!? Sein Vater, jener berühmte Timofej, war bei einer Expedition ums Leben gekommen, er wurde nie gefunden, die Mutter war ans Meer gefahren, um ihn zu suchen, sie verbrachte dann ihr ganzes Leben in Krankenhäusern, Invaliditätsstufe zweiten Grades. Ich fragte, was für eine Krankheit diese Mutter denn habe, ich befürchtete schon Tuberkulose, das hätte noch gefehlt, aber die Antwort war: Schizophrenie. Vielen Dank. Nach unserem friedlichen Gespräch in der Küche verschwand der gefräßige Kater wieder über Nacht. Gerade da rief Aljona mit schwacher Stimme aus dem Krankenhaus an und erzählte mir in ganz normalem Ton, der Junge sei schön, lockig. (Kurz darauf sah ich diese Locken, vier an den Kopf geklebte Kringel, alles andere Glatze wie beim chinesischen Vorsitzenden Mao, und von diesem auch die Augen.) Worauf ich ihr sagte, daß die Frauen und Männer in unserer Familie stets bildschön seien und daß Andrej und sie, als sie geboren wurden, auch alle anderen übertroffen hätten, und hier heulte ich los. Sie verabschiedete sich schnell von mir, als sie hörte, daß der gefräßige Kater nicht zu Hause und mehr nicht von ihm bekannt war.

Dann fuhren der gefräßige Kater-Vater und ich in ungeduldiger Erwartung unseren Allesgeliebten abholen. Die Schwester brachte ihn heraus und gab ihn dem gefräßigen Kater, ich steckte ihr einen Dreirubelschein zu, wie es sich gehört, und erwischte gleich ein leicht ramponiertes Taxi, das eine einsame Spätgebärende mit hochrotem Kopf vor der Entbindungsklinik absetzte. Man hätte sie zur Tür bringen müssen, diese unförmige, zusammengekrümmte Frau, die auf eingeknickten Beinen ihr einsames Köfferchen mit der Babyausstattung trug. Aber der Mensch ist immer erst hinterher klüger, und ich war so froh über das freie Taxi, daß ich die einsame werdende Mutter in der Rage fast umgerannt hätte, und dafür kriegte ich als Gegengabe einen Rücksitz voll Wasser. Ich gab dem Fahrer sofort Bescheid, er stieg schweigend aus und begann das Innere seines schäbigen Autos mit einem Lappen zu säubern, wobei er jener zusammengekrümmten werdenden Mutter ein paar kräftige Worte nachschickte, der bestimmt schon das Köpfchen des Kindes auf den Damm drückte, so ohnmächtig lief sie, gekrümmt, mit ihrem alten, ärmlichen Koffer in der Hand. Ich muß jetzt immer an sie denken, ich träume davon, daß ich sie gesund und munter mit ihrem Kind treffe. Aber damals war sie ganz fleckig im Gesicht und konnte kaum krauchen – wie eine Schildkröte. Wenn das Kind am Leben geblieben ist, ist sie jetzt bestimmt ein stämmiges Weib knapp über Vierzig, und das Kind ist auch schon sechs, wenn es am Leben geblieben ist. Mütter, Mütter. Ein heiliges Wort. Aber weder ihr könnt dem Kind später davon erzählen noch das Kind euch. Liebst du dein Kind – wird es dich quälen, liebst du es nicht – verläßt es dich auch. Oh und ach.

So brachte ich meine Dreieinigkeit auf dem besudelten Taxisitz nach Hause. Wasser über Wasser! Heiliges Wasser, das das Kind auf die Welt befördert. Der Fahrer war in sich zusammengesunken und wütend, er schwor, sich nie wieder auf so etwas einzulassen, und blickte meine Heilige mißtrauisch an, ob sein Auto wieder was abkriegte. Der gefräßige Kater hielt das Kind auf ausgestreckten Armen, und sie bedeckte sein Gesichtchen eilfertig mit einem Spitzentuch. Im Taxi summte eine Fliege, offenbar angelockt von dem nassen Lappen und dem Blut, das waren Geschichten, die Fliege stand anscheinend auch kurz vor der Entbindung, es war Frühling. Dieser Schmutz, dieses Blut, der Schweiß, alles das gehört zu uns, und auch noch die Fliegen, wenn man nicht saubermacht, und meine beiden lebten ja wie die Fürsten: Sie verschütteten alles, machten Flecke auf den Tisch, ließen alles auf den Küchenfußboden und unter den Ausguß fallen. Was soll ich sagen, viel Schweiß wurde vergossen, aber dafür sah ich *ihn*, meinen Allesgeliebten, ich erblickte ihn in allem und jedem, selbst im Gesicht des gefräßigen Katers erkannte ich seine breite Stirn und seinen Kirschmund wieder. Woher der gefräßige Kater bloß solche Gene hatte, jetzt hat er einen dicken Fisch an der Angel, jetzt heiratet er eine Ausländerin, obwohl er nicht gerade viel verdienen kann, wenn man nach den Alimenten geht. Meine Tochter war das Sprungbrett für ihn, nichts weiter als das, aber das hat sie nie geschnallt, wie man sich heute ausdrückt, und ist auf Knien vor ihm herumgerutscht.

Die sechzehn Tage vergingen wie im Traum, es gab weder Nacht noch Tag, immerzu wurde etwas ausgekocht oder gebügelt, mein abgehetztes Huhn litt unter Verstopfung, ihre Brustwarzen waren zerfranst und dazu noch die Milchdrüsen verhärtet. Die Folge Fieber, das Geschrei von Tima und ein blasser gefräßiger Kater. Ich schwieg. Glaubt mir, sie verlangte, ich solle ihr Kind nicht mehr anrühren, nur weil ich konstatiert hatte, daß der gefräßige Kater mal wieder mit irgendeinem Freund alles aufgegessen hatte. (Ich war in der Bibliothek gewesen, und sie hatten den Kühlschrank leergemacht und am nächsten Morgen das Gezeter – nichts im Haus! Oje! So etwas. Wenn die Mutter nichts anschleppt, ist nichts da, was man diesem Nimmersatt aus Ternopol in den Rachen stopfen kann, ich bin nicht dazu angestellt, ihn zu bedienen, jetzt auch noch den, habe ich ihr gesagt, als ich ihre Höhle betrat, wo es warm war und nach Milch und frischer Wäsche roch – die Windeln, die ich gerade vom Balkon geholt hatte.)

Süßer Geruch des Kinderzimmers, wo mein Glück mit der hohen Stirn und dem dunklen Flaum auf dem Köpfchen schlief. Meine Seligkeit. Es zerriß mich damals förmlich. Wenn Andrej kommt, womit soll ich ihn ernähren? Und wo soll er hin? Und wie wird überhaupt alles? Ich tat kein Auge mehr zu, ich schlief ein und wachte wieder auf, schlief ein und wachte auf, schweißgebadet. Zu allem Unglück stand überall noch dieses überflüssige Anhängsel im Wege, angeblich hatte er Prüfungen. Hab Erbarmen, mein Mädchen, jag ihn in alle vier Winde, wir schaffen es schon allein! Ich komm dir in allem entgegen, wozu brauchen wir ihn? Wozu?? Damit er wie ein gefräßiges Tier dein Essen verschlingt? Damit du vor ihm auf allen vieren tanzt und ihn um Entschuldigung bittest? Aber gesagt habe ich:

«Soll der gefräßige Kater doch arbeiten gehen, soll er doch in die Taiga fahren, dorthin, wo sein Papa geschuftet hat. Du darfst jetzt sowieso nicht mit ihm schlafen! Ich habe jedenfalls nicht vor, ihn noch weiter zu ernähren.»

Sie darauf ohne Tränen: «Daraus wird nichts. Er ist mein Mann. Schluß. Schreib du lieber deine graphomanischen Gedichte!»

«Jawohl, graphomanische. Andere kann ich nicht. Aber damit ernähre ich euch!» entgegnete ich, ohne gekränkt zu sein. Jedes Gespräch endete bei diesem Thema, bei meinen Gedichten, derer sie sich schämt. Aber ich sterbe, wenn ich keine schreiben kann, mein Herz zerspringt. Ich antwortete ihr: «Kurzum, er soll in die Taiga fahren, Geld verdienen. Bald kommt Andrej. Die Amnestie ist schon angekündigt.»

Ich hatte mit eigenen Ohren gehört, wie der gefräßige Kater sich am Telefon mit jemandem wegen irgendwelcher Bauarbeiten verabredet hatte, angeblich hatte er irgendeine Fachausbildung, dies und das, das Telefon kochte leise.

«Daß eine angekündigt wurde, sagt noch gar nichts, unternimm nichts vor der Zeit, das bringt nur Unglück.»

«Das hättest du wohl gerne! Du hoffst, daß Andrej nicht kommt? Aber er kommt. Ich habe mich erkundigt, ich war beim Rechtsanwalt. Und ich will nicht, daß Andrej bei seinen angegriffenen Nerven wieder explodiert, diesmal wegen dem gefräßigen Kater. Er macht ihn doch kalt!» sagte ich laut, wobei ich die Hellhörigkeit unserer Wohnung ins Kalkül zog, der gefräßige Kater sollte es ruhig mitkriegen. Timka fing in seinem Körbchen zu wimmern an, sie stürzte mit übertriebener Eile zu ihm hin, der gefräßige Kater stand, wie sich herausstellte, direkt hinter mir und schwieg wie immer. Was hätte er auch sagen sollen, wir hatten uns nichts Neues zu erzählen. Alles hing in der Luft, unser ganzes Leben, wie ein Damoklesschwert, drauf und dran, auf uns niederzustürzen. Die Falle schnappte zu, wie sie jeden Tag zuschnappte, manchmal aber fiel noch ein Baumstamm obendrauf, und in der eintretenden Stille krochen alle wie zerschmettert auseinander, nur Timka weinte jämmerlich, er wehklagte über seinen Hunger, seine erschöpfte Mutter, das gleichgültige Schweigen seines Vaters, des gefräßigen Katers, meine Armut und meinen armen eingesperrten Sohn Andrej.

Und schließlich kam der Tag, an dem Andrej heimkehrte. Der gefräßige Kater hatte sich, wie schon berichtet, im Klo eingeschlossen, und ich sagte zu Andrej:

«Ich flehe dich an, sei still, hör zu. Hätte ich dir etwa schreiben sollen, daß Aljona von wer weiß wem ein Kind kriegt? Dich etwa verärgern sollen?»

«Aljona?»

«Ja. Von wer weiß welchem Hundesohn!»

«Moment. Und der da?»

«Der trat erst später in Erscheinung. Immer der Reihe nach.»

«Ich habe Hunger, und mir ist schwindlig. Schluß, Mutter.»

«Du kriegst gleich Suppe. Die Hauptsache weißt du noch gar nicht. Hier ist Brot. Hast du deine Hände gewaschen?» Wie immer Schweigen. Das Problem des Händewaschens. Er blickt wie gewöhnlich mit einem undefinierbaren Augenausdruck auf mein Schlüsselbein. Er nimmt das Brot mit ungewaschenen Händen und bricht es.

«Gut, zum Erziehen bist du bereits zu groß. Dann iß mit schmutzigen Händen. Also, ich habe Maßnahmen ergriffen.»

«Du?»

«Wegen Aljona. Ich. Wie immer ich.»

«Meinetwegen hast du keine Maßnahmen ergriffen.» Eifersüchtig wie immer!

«Andrjuscha, du wußtest dort manches nicht.»

«Ich wußte, daß einer für acht eingelocht wurde.»

«Sei still, hör zu. Du hast als einziger gesessen, das ist nun mal so gekommen, du warst allein gegen fünf, ja?»

«Das kenne ich alles. Ist doch alles kalter Kaffee!»

«Red keinen Unsinn. Hör weiter. Deshalb hast du zwei Jahre gekriegt. Wärt ihr acht gegen den einen gewesen, auf dem ihr alle rumgetrampelt seid – alle dreizehn, nebenbei bemerkt, hörst du? –, dann wäre alles ausgewesen. Ich habe ihn im Krankenhaus besucht.»

«Ich habe gekriegt, was ich verdient habe.»

«Oh, wie unrecht du hast!»

«Oh.»

«Wenn ihr alle acht vor dem Richter gestanden hättet, dann hätte jeder von euch mindestens fünf gekriegt. Verstanden?»

«Sei still, du alte Sau!»

«Ich flehe dich an», sage ich. «Beruhige dich, mein Kind! Meine Sonne ist wieder da! Die Sonne all meines Lebens! Du wirst mich gegen den gefräßigen Kater in Schutz nehmen!»

Dieser Feigling rüttelte im Klo verzweifelt am Riegel, er kam nicht wieder raus.

«Also, alles der Reihe nach. Iß. Ich habe, das sollst du ruhig wissen, Maßnahmen ergriffen, die Mädchen aus ihrer Seminargruppe bezeugten, was in der Scheune los war und wie sie das Blut aus dem Hemd gewaschen hat im September.»

«Schluß. Mir dreht sich alles.»

«Und dank dieser Zeuginnen ist er mit ihr zum Standesamt. Hier, iß, alte Kartoffeln, Hering… gute Butter. Er hat nicht alles aufgefressen, der gefräßige Kater!»

Ich konnte nicht weinen.

«Was wir mitgemacht haben! Weißt du, es heißt, er ist Waise. Kommt aus Ternopol, mit Müh und Not ist er an der Uni angekommen, und beinahe hätten sie ihn zur Armee geschickt.»

«Na und! Lieber Armee als Knast.»

«Aber der gefräßige Kater wollte nicht.»

«Und ihr habt euch einen jungen Kerl an Land gezogen. Na. Mutter, du bist ganz schön raffiniert.»

«Iß, iß. Iß Mutters Essen.»

Die Waise aus Ternopol kam herein, nachdem sie sich die Hände gewaschen hatte, öffnete den Mund und sagte etwas Seltsames: «Herzlich willkommen.»

Sie drückten einander die Hände.

«Andrej.»

«Sascha.»

Als erster hatte der gefräßige Kater seine Hand ausgestreckt. Manchmal leuchtete auch in ihm ein Fünkchen Vernunft auf.

Dann stürzte Aljonka mit offener Bluse herein (sie hatte die ganze Zeit gestillt), schluchzte tief und warf sich Andrej an die Brust.

«Dumme Gans bleibt dumme Gans», sagte Andrej herzlich.

«Was hilft's», stimmte der gefräßige Kater zu. Die Augen gehören ihm ausgekratzt.

Aljonka und die beiden machten sich gut vor dem Hintergrund unserer ärmlichen, schmutzigen Küche. Das Licht der Jugend, das Licht der Hoffnung strahlte aus ihren Augen, oh, wenn sie gewußt hätten, wenn sie geahnt hätten, was sie in Zukunft erwartete, nichts außer Finsternis, und das einzige, was in dieser Finsternis wärmt, das kindliche Atmen unseres Allesgeliebten.

Ich liebe ihn sinnlich, leidenschaftlich. Ein Genuß, sein schmales, federleichtes Händchen zu halten, in seine blauen runden Augen zu blicken, deren Wimpern so lang sind, daß sie Schatten auf die Wangen werfen, wie meine Freundin, die Schriftstellerin, es einmal ausgedrückt hat. Sie werfen nicht nur Schatten auf die

Wangen, füge ich hinzu. Sogar auf die Wand, wenn er in seinem Bettchen unter der Lampe sitzt. Feste, gebogene, dichte Wimpern. Ein richtiger Fächer! Eltern lieben ihre kleinen Kinder sowieso sinnlich, doch noch viel mehr die Großmütter und Großväter, diese fleischliche Liebe ersetzt ihnen alles. Eine sündige Liebe, sage ich euch, das Kind wird davon nur gefühllos und frech, als verstünde es, daß da was faul ist. Aber was hilft's? Es ist uns von der Natur vorherbestimmt zu lieben. Es ist uns von Gott gegeben, und die Liebe breitet ihre Flügel auch über die aus, die nicht mehr dürfen, über die Alten. Wärmt euch! Sie standen in der Küche, meine zwei Lieblinge, und ich war überflüssig.

«Also», sagte ich.

Sie rührten sich nicht.

«Andrej, ich war dagegen, daß der sich in unserer Wohnung anmeldet. Aber dann wäre sie dagegen, daß du dich nach dem Lager hier anmeldest.» – So hat sie gedroht, sie hätte das Recht dazu.

O Macht des Wortes!

«Was heißt das?» fragte Andrej.

«Na, eben das», antwortete ich.

«Laß, ich erzähl dir das alles später», entgegnete Aljona finster, «komm, kannst dir unsern Jungen ansehen.»

«Das hättest du getan?» fragte Andrej ungläubig.

«Ich bitte dich. Das war eine Form der Auseinandersetzung mit ihr. Du kennst doch unsere ewigen Reibereien.»

«Na gut.»

Sie schlichen wie geknickte Blümchen in ihr Zimmer. Andrej aß. Ich setzte mich ihm gegenüber.

«Andrej.»

«Mama!»

«Zwei Minuten. Andrej, es steht wirklich schlimm. Sie möchte ihn in unserer Wohnung anmelden, ohne zu begreifen, was dieser Klotz im Auge hat. Er braucht sie als Sprungbrett. Er wird ihr das Zimmer auf gerichtlichem Wege streitig machen! Das hat er doch im Auge!»

«Hübscher Kerl. Sehr hübsch sogar.» (Lacht merkwürdig.)

«Ja, er hätte auswählen können – hätte. Wenn meine Zeuginnen nicht gewesen wären, hätte er wählen können. Aber wie heißt es so schön, er möchte von unserem räudigen Schaf wenigstens einen Fetzen Wolle abreißen. Die Moskauer Zuzugsgenehmigung und dann ab.»

Ich sagte das alles laut und ungeniert. Und wie recht hatte ich! Wie sich später zeigte, hatte ich hundertprozentig recht. Aber wie beweisen? Das kostete unendlich viel Mühe. Der gefräßige Kater hing nämlich an Timotschka. Er liebte ihn mit sinnlicher Liebe, er badete ihn, er war stolz auf das verschrumpelte Baby, er ging mit ihm spazieren und zeigte es strahlend den gefräßigen Gästen, die zum Nassauern kamen. Er liebte ihn! Wie kompliziert war das alles...

Plötzlich war ich im Leben überflüssig geworden.

«Sei vorsichtig», sagte ich einmal im Korridor zu Aljona, «dein Mann hat homosexuelle Neigungen. Er liebt den Jungen.»

Aljona blickte mich wie eine Irre an.

«Er liebt nicht dich, sondern ihn», erklärte ich es ihr populär. «Das ist widernatürlich.»

Aljona riß den Mund auf und wieherte los. Obwohl

sie eben noch in ihrem Zimmer geweint hatte, man sah es sogar im dunklen Korridor. Der gefräßige Kater war abends um elf noch immer nicht zu Hause.

«Mein Kindchen!» Ich wollte sie umarmen, aber Aljona ging lachend zum Telefon und wollte es zu sich ins Zimmer nehmen, doch wie immer blieb es in der Tür hängen. Ich war Dauerthema ihrer Telefongespräche, die so lange währten wie eine Winternacht.

Und wie alt war ich damals? Gerade erst fünfzig!

Aljona neunzehn, Andrej zwanzig.

Es war lange her, daß ich sie geboren hatte, kurz hintereinander innerhalb von zwei Jahren. Es war das Ergebnis einer wahnwitzigen archäologischen Expedition und einer meiner grandiosen Fehleinschätzungen, was Menschen betrifft. Ich war ein junges Ding von neunundzwanzig Jahren, Jungensschnitt, mager, aber wunderschöne Augen und Beine. Noch ein richtiges Mädchen. (Ganz zu Anfang, als wir uns alle noch nicht kannten, hockte ich einmal mit einem Kind hinter einem Stein, wir betrachteten einen Fund von ihm, einen verrosteten Klumpen, er trat zu uns und sagte: «Jungs, was macht ihr denn hier?» Ich hob den Kopf, er erkannte mich und schluckte.) Damit fing alles an: Tage und Nächte des Glücks, als ich – eine Poetin – gerade das Pädagogische Institut verlassen hatte und aus der Redaktion gefeuert worden war wegen der Affäre mit einem verheirateten Künstler, Vater von drei Kindern, die ich ernsthaft hatte großziehen wollen, ich dumme Gans. Doch seine Frau war sofort zur Stelle: Schämen Sie sich nicht? und rannte zum Chefredakteur. Im Handumdrehen erhielten sie die lange zugesagte Dreizimmerwohnung (sie lebten alle in einem

Zimmer, zusammen mit der Mutter seiner sogenannten Frau, in meinem Zimmer aber konnte er arbeiten, auch wenn meine Mutter ihm wiederum wilde Vorwürfe machte, daß er mir auf der Pelle säße, ohne mich zu heiraten, immer dieselbe alte Leier!) – nach meinem Rausschmiß aus der Zeitung also fuhr ich mit einer archäologischen Expedition in weite, weite Fernen. Und das Ergebnis war: Andrej und Aljonuschka, meine beiden Engelskinder, wieder alle in einem Zimmer, und meine Mutter in dem ihrigen, wie der standhafte Zinnsoldat! Wir lebten ein bißchen, sahen uns die Realität an, mein Mann hatte eine großartige Scheidung in der Stadt Kuibyschew, seine Frau kam angereist, um meinen dicken Bauch zu sehen, das heißt, er macht die Tür auf, und da steht sie mit dem fünfzehnjährigen Sohn: Wir müssen reden. Sie kommen rein, sie haut mir eine runter, zerschlägt die Fensterscheibe, ritzt sich mit einer Scherbe die Vene auf, überall Blut, er hält sie in den Armen, sein Sohn ist bleich und schreit: Rühr meine Mutter nicht an! Meine Mutter steckt ihre Nase zur Tür herein, sieht den ganzen Schlamassel, bringt eine Binde (sie ist geizig, also war es sicher die alte, gewaschene Binde, mit der sie sich die Beine wickelt). Dann brachte sie die beiden zu sich, schenkte ihnen Tee ein, und er und ich saßen wie zwei schnäbelnde Tauben in meinem Zimmer, nur gut, daß seine frühere Frau dazwischengekommen war, denn mit uns stand's schlecht, er war ins Zweifeln gekommen und sehnte sich nach seinem Sohn, nach seinem Zuhause. Die Arbeit? Von wegen, Archäologen verdienen ja kaum etwas, und dazu mein Bauch und die Alimente. Er war nur noch Haut und Knochen. Und da kam sie dazwischen und wendete alles zum Guten, die Kluge. Wenn Frauen etwas zerstören wollen, was für Wunder können sie doch vollbringen! Alles ist zusammengebrochen, aber hast du nicht gesehen, wächst schon was Neues, und auch die Zerstörerin sammelt ihre Knochen wieder auf und lebt weiter. Genau wie bei mir, ich bin ganz genauso, für die anderen.

Es ging also bewegt zu in meinem Leben, und das ist noch gar nicht so lange her. Wenn ich mein Leben Revue passieren lasse, dann stehen die Männer wie Meilensteine da. Die Arbeit und die Männer, und die Chronologie nach den Kindern, wie bei Tschechow. Mies sieht das alles aus. Aber was wirkt nicht alles gemein und mies, von der Seite besehen? Für Aljona sind all meine Worte widerlich, das merke ich. Zum Beispiel eine ganz normale Frage wie: «Ist er sympathisch?», wenn sie mir früher in der achten Klasse in einem Anfall jugendlichen Leichtsinns aus purem Zufall etwas über ihre Freundin Lenka und deren Liebesgeschichten ausplauderte. Die Frage «Ist er sympathisch?» provozierte bei ihr Starrkrampf und Haßausbruch, auch wenn ich nur meinte, daß ihre Lenka eine Stute ist, der das Fell noch nicht gegerbt worden war, und daß das sehr nötig sei, wer kam nur auf die Idee, so eine Dampfwalze zu umarmen, die mit Vierzehn schon nach Soldatenschweiß stank, Schuhgröße vierzig hatte, einen Pony wie eine Stiefelbürste, der bereits ein Schnurrbart wuchs und zwei stämmige Balken unter dem dicken Hintern baumelten. Meine Aljona aber (damals hießen alle Mädchen Aljona, so wie heutzutage alle Katja) vergötterte diesen schnurrbärtigen Schmied Lenka, ständig führte sie ihren Namen im Mund, und sogar bei dem schlechten Verhältnis, das wir beide seit Aljonas vierzehntem Lebensjahr hatten (geh weg, laß mich, hau ab, und dazu die barsche Reaktion «Du hast wohl einen Riß in der Schüssel») – sogar bei diesem unserem Verhältnis erzählte sie mir manchmal in stillen Augenblikken entzückt Legenden von Lenka, bis zu meiner Frage: «Ist er sympathisch?»

«Wie meinst du das?»

«Ich meine, ob *er* wenigstens sympathisch ist.»

«Was soll das heißen?»

Ich stockte, aber dann konnte ich mir nicht verkneifen zu sagen: «Na, ich meine, wer will schon so ein Elefantenweib?»

«O-ho-ho! Mich jedenfalls will keiner...»

Es ist bekannt, daß Mädchen, deren Väter die Familie verließen, ihr ganzes Leben den Komplex der sitzengelassenen Frau mit sich herumschleppen, mit allen sich daraus ergebenden Konsequenzen.

«Mich will keiner. Aber auf Lenka waren die Georgier schon in den letzten Sommerferien am Schwarzen Meer scharf. Man schätzte sie auf achtzehn! Dabei war sie dreizehn!»

«Da hat sie Glück gehabt, daß man sie nicht auf dreißig schätzte.»

«Ma-ma!» winselte sie beinahe.

«Ich will dir mal eine Geschichte erzählen. Bei denen in Georgien passiert alles mögliche, Omas Freundin, Tante Olja, hat mal mit ihrer Schwester dort Urlaub gemacht. Sie marschierten mit fünfundsechzig Jahren barfuß und im Bademantel an den Strand, meine beiden Herzchen, beide Frauen waren ganz schön füllig, die Bademäntel hatten sie noch in Moskau gekauft,

Größe 60, ich hab's selbst gesehen, der Busen sprengte Größe neun, dabei war er gar nicht richtig zu erkennen, weil die Ärmsten Bäuche hatten, als wären sie im neunten Monat.»

«Gibt's doch nicht.»

«Hör zu! Sima (so erzählten sie später unsrer Großmutter), Sie werden's nicht glauben, welchen Erfolg wir am Strand in Georgien hatten. Unser Großväterchen, der Mann meiner Schwester, saß mit uns am Meer, war empört und ist nirgends mehr mit hingegangen. Aber wir beide, wir wurden umringt, uns wurde sogar nachgepfiffen, die Georgier haben uns regelrecht bestürmt.»

«Mama, du...» zischte sie. «Also weißt du... Das ist ja widerlich.»

«Na, was ist, ist der Neue von Lenka sympathisch? Kommt er auch aus Georgien?»

«Mußt du mich immer so fertigmachen?» Sie weinte fast.

Aber ich wußte doch, daß diese Lenka nicht den kleinen Finger meiner Aljonka wert war. Meine Jüngste, meine wunderschöne Aljonka, mein stiller Nestling, der mich während der stürmischen Auseinandersetzungen mit Andrej in dessen Pubertätsjahren wärmte, diese meine Aljonuschka sagte mir mit neun Jahren wunderbare Worte. Weise Worte des Trostes! Als ihr Vater und ich auseinandergingen, Großmutter Sima hat uns so weit gebracht. Er hatte eine andere gefunden, ebenfalls im Sommer, nach dem gleichen Drehbuch, dabei hatte er die Kinder mit. Als sie zurückkamen, sagte Aljona zu mir: «Mama, sie haben uns da so liebgehabt, beim Abschiedsfeuer hat Tante Lera so viel geweint! Sie hat so geweint!»

Nachdem ein Monat mit Ferngesprächen verstrichen war, fuhr mein Mann mit einem nervösen Furunkel im Gesicht in die Stadt Krasnodar, wo er bis heute mit seiner Heul-Lera, dem Sohn und ihrer blinden Mutter lebt, die Kinder waren öfter bei ihm, wenn er auf einer archäologischen Expedition unterwegs war, bis ich dahinterkam, daß der Papa gar keine Sehnsucht nach ihnen hatte. Lera wohnte in einer Einzimmerwohnung, ohne Hoffnung auf eine größere, wo sollten da meine Kinder hin? Und der Papa fuhr von nun an zu archäologischen Ausgrabungen nach Ruanda oder Burundi, nicht mehr und nicht weniger. Internationale Beziehungen stärken den Menschen, doch in Afrika gibt es Aids, und wir haben keinen Grund, diesen Sachverhalt besonders optimistisch zu sehen.

Großmutter Sima hielt unseren Papa für einen Schmarotzer, für ein Schlitzohr und so weiter. Wie sie traurig jubelte, als er nach Moskau kam, um seine Sachen zu holen und zu kündigen. Wie sie Liebe und Zärtlichkeit mir gegenüber demonstrierte, diese Kobra, und jetzt liegt sie auf ihrem Kissen und weint und piepst, daß ihr alles gestohlen wird... Und schlürft gierig den Tee vom Löffel: Diabetes.

Ich erhielt null Komma null Kopeken, vierzig Rubel Alimente, mußte dazuverdienen, ich beantwortete Zuschriften an die Zeitschriftenredaktion, ein gewisser Burkin hatte mich dort untergebracht, ein gutmütiger Trinker mit Schnurrbart, zitternden Händen und aufgedunsenen Wangen, so daß man stets glaubte, er hätte Zahnschmerzen. «Das ist bei mir immer so!» entgegnete er mir auf eine mitleidige Bemerkung, daß auch ich Zahnärzte und Bohrer nicht ausstehen könne, doch wenn man auf beiden Seiten einen schlimmen Zahn habe, dann müsse man hin, sonst könnte alles mögliche daraus entstehen. Ein Brief – ein Rubel, sechzig Briefe im Monat. Pro Jahr wurden zwei Gedichte von mir abgedruckt, zum Frauentag, das Honorar achtzehn Rubel zusammen.

Und da kamen die weisen Worte des Trostes, die meine neunjährige Aljona zu mir sagte, als sich die Tür hinter ihrem Vater zum letztenmal schloß, ich stand lächelnd da, mit heißen Wangen und ohne Tränen in den Augen, nahe daran, mich aus dem Fenster zu stürzen und ihn dort, auf dem Trottoir, zur Strafe als formlose blutige Masse zu empfangen.

«Mama», sagte Aljonka, «ich liebe dich doch.»

«Ja», antwortete ich.

Meine Schöne, die ich mit solcher Wonne in den Windeln bewundert, der ich jedes Fingerchen einzeln gewaschen und geküßt habe. Ihre Locken (wo sind sie geblieben?) haben mich glücklich gemacht, ihre großen, klaren, vergißmeinnichthellen Äuglein, die so viel Güte ausstrahlten, so viel Unschuld und Zärtlichkeit – alles nur für mich... Kindheit! Meine Seligkeit, meine Liebe zu diesen beiden Vögelchen, wenn sie schliefen, ihre Köpfchen in den Kissen, die stille Wärme in meinem Zimmer... «Tief im Kissen blonder Schopf, leuchtet wie ein Feuerkopf. Näschen bläst im Atemtakt. Äuglein, Öhrchen sind versackt.»

Aber dann ging alles zum Teufel, alles wurde mir weggenommen und dieser hergelaufenen Lenka zu Füßen geworfen. Jeden Tag verbrachte Aljonka mit ihr, jeder Gedanke galt ihr, irgendwelche Launen dieser Lenka brachten unsere ganze Familie um den Verstand.

Andrej und Aljonka schlugen sich ums Telefon, er wollte jemanden anrufen, aber sie erwartete eine Nachricht von dieser blöden Gans: Gehen sie nun zum Geburtstag von Soundso, oder hat man sie überhaupt nicht eingeladen. Meine Kinder prügelten sich überhaupt wie verrückt. Dann kam Aljonka schreiend und tränenüberströmt zu mir in die Küche gerannt: Aaaah! Auch ein liebliches Detail aus unserem Leben. In der Nacht, nur in der Nacht war ich eine glückliche Mutter. Man deckt sie zu, kniet nieder, streichelt sie... Sie brauchten meine Liebe nicht. Das heißt, ohne mich wären sie krepiert, aber das verhinderte ich mit meiner Person. Paradoxos! Wie Njura sagt, die immer die Knochen zerhackt.

Andrjuscha spielte Fußball und Hockey, in der neunten Klasse hatte er an Kopf und Gesicht Narben wie ein kampflüsterner Kater. Die Kinder brachten ihn blaß vor Angst und Schrecken nach oben, mal mit blutendem Knie, mal mit aufgerissenem Fuß, mal holten sie ihn bewußtlos aus dem Drahtzaun. (Unsere Aktivisten im Hof hatten, durch die politischen Freiheiten ermuntert, Beete angelegt, die Schweinehunde, und um ihre Pflanzen einen unsichtbaren Draht in Höhe eines Kinderhalses gezogen.) Ein anderes Mal spielten die Kinderchen mit einem spitzen Bettpfosten Messerwerfen, von einem Eisenbett, versteht sich. Ein dicker Junge namens Wasja verfehlte das Ziel und traf Andrjuscha genau ins Bein. In dieser Zeit (das passierte, als ich noch jung war, aber schon nach der Geschichte mit Krasnodar) war ein Bekannter bei mir zu Besuch, ein sympathischer, obwohl verheirateter Mann, allerdings trunksüchtig, was ihn aber nicht hinderte, sehr sympathisch zu sein.

«Na, Alter», sagte er zu Andrej, als man diesen humpelnd anbrachte (die Blutspuren im Fahrstuhl habe ich später weinend aufgewischt), «Alter, eine Splitterwunde?» – «Mhm», antwortete Andrjuscha.

Als Andrej sechs Jahre später einmal nicht nach Hause kam, sondern erst um zwei Uhr nachts auftauchte, und Großmutter Sima ihn im Korridor mit dem wilden Schrei «Geh dorthin, wo du herkommst» und dem Holzschemel empfing, bekam ich eine Herzattacke. Am Morgen rief ich jenen Arkadi Jakowlewitsch an, und er sagte mir mit der munteren Stimme, die er immer kurz nach einem Besäufnis, aber noch weit weg vom nächsten hatte:

«Andrianowna, holen Sie auf alle Fälle einen Krankenwagen, auch wenn Herzinfarkt bei Frauen selten vorkommt.» (Woraus ersichtlich ist, daß Arkadi Jakowlewitsch auf der Männerkardiologie gelegen und niemals in die Frauenstation hineingeguckt hat.) Und dann fragte er, was passiert sei. Und dann, wie alt Andrej ist.

«Und Sie erwarten, daß er mit dem Schrei ‹Um zehn wartet meine Mama auf mich› aus dem Bett seines Mädchens springt? Ich hätte mit vierzehn beinahe ein Kind in die Welt gesetzt, und er ist schon sechzehn.»

Er hat mich immer sehr beruhigt, dieser A.J. Wir lernten uns über Mascha kennen, ich stellte für sie einen Gedichtband zum Arbeiter-Thema zusammen, ich war bereits aus dem Verlag und überall rausgeschmissen worden – das ist eine lange Geschichte –, durfte mich wegen des Minsker Traktorenwerkes nicht mehr in Maschas Redaktion blicken lassen, und offiziell stellte sie den Band zusammen, sie hat mir dann fünfundzwanzig

Prozent des Honorars überlassen und später noch zweimal einen 25-Rubel-Schein, aber auch darüber war ich schon froh, kurz und gut, A. J. war der Sohn eines Poeten, der sich mit dem Arbeiter-Thema beschäftigte, ich hatte diesen Dichter bei meinen Recherchen in der Bibliothek entdeckt, ich sehe: einmal Gedichte zur Oktoberrevolution und dann noch Gedichte zum 1. Mai, also Thema Arbeiter. Ich war da sehr genau. Ich rief Jakow Dobrynin an, aber eine männliche Stimme teilte mir mit, er sei nicht da, ich fragte, wann er käme, und die männliche Stimme entgegnete, darauf gäbe es keine Antwort. Ich schluckte, das Herz rutschte mir in die Hose, doch ich erklärte, worum es ging, und so lernte ich Arkascha kennen, ein wirklich sehr lieber Mann, dessen Frau meinen Besuch eindeutig interpretierte, alle Ehegattinnen haben meine Besuche stets eindeutig interpretiert, obwohl sie immer sehr freundlich zu mir waren, das muß man sagen, und eine Dichtergattin, die am Telefon zugesagt hatte, mir mein Manuskript mit Gedichten, das ich ihrem Mann überlassen hatte mit der Bitte um Beurteilung und Auskunft, ob es sich lohne weiterzumachen, um zehn Uhr abends zurückzugeben – sie kam tatsächlich um zehn auf mein Klingeln im Evakostüm an die Tür, nur den Busen hatte sie zusammengerafft: «Wir liegen schon im Bett.» Schwierig ist die Freundschaft ihrer Gattinnen.

Nacht.

Doch der Reihe nach. Mein unruhiger Sonnenschein ist gerade eingeschlafen, mit ausgebreiteten Beinchen und Ärmchen, ach, du mein Waisenkind, jetzt kann deine Oma sich zu Papier und Bleistift zurückziehen, zum Kugelschreiber reicht es nicht. Für nichts reicht mein Geld, Andrjuscha hat mich ernsthaft bestohlen, nicht so wie früher, als er auf der Treppe tobte und mir zum Abschied den Briefkasten ankokelte. Er forderte einen 25-Rubel-Schein, nicht mehr und nicht weniger, und beschimpfte mich dabei mit den scheußlichsten Ausdrücken und trampelte hartnäckig mit dem Fuß gegen die Tür. Der Kleine und ich – ich hielt ihm die Ohren zu – saßen in der Küche.

Ich... (schrie Andrej), ich zieh hier ein, und dann kannst du dein blaues Wunder erleben (es folgten schreckliche Ausdrücke), gib sofort das Geld her, du Soundso! Besetzt mein Zimmer (schreckliche Ausdrücke), zahl jetzt sofort (schreckliche Ausdrücke), fick deine Mutter!

Mutterflüche gegen die eigene Mutter.

Mein Sternchen weinte nicht, es zitterte nur. Aber zum Glück ist Andrej selbst ein Feigling. Ich klammerte mich die ganze Zeit an Tima fest, bis ich's nicht mehr aushielt und laut und drohend rief: «Ich hol jetzt die Miliz! Schluß! Ich rufe sie an!»

Andrej hätte niemals geglaubt, daß ich fähig wäre, die Miliz zu rufen. Damit sie ihn abholen, den Unglücklichen, der sich vom Lager noch nicht erholt hatte, der nicht vergessen konnte, was man ihm dort angetan hatte, der noch nicht wieder ein Mensch geworden war und immer weiter zu seinen sogenannten Freunden ging, derentwegen er gesessen hatte, um ihnen Vorwürfe zu machen und Drei- bis Fünfrubelscheine abzupressen – so nehme ich an, nachdem einmal die völlig verrückte Mutter eines ehemaligen Kumpels Andrej suchte. Eine unangenehme Stimme:

«Hallo! Hallo!»

«Hallo», sage ich.

«Hallo!» schreit sie aufgeregt durchs Telefon, «kann ich... Ist dort die Wohnung von Familie Soundso? Hallo!»

«Nein», antworte ich.

«Wohnt bei Ihnen kein Andrej? Hallo!» (Aufgeregt)

«Der wohnt hier überhaupt nicht. Wer ist da?»

«Unwichtig.»

Unwichtig, also: Leben Sie wohl. Aber weit gefehlt.

«Hallo! Hallo! Wo ist er?»

«Weiß ich nicht...»

«Arbeitet er nicht mehr bei der Feuerwehr? Ich habe dort angerufen.»

Verdammtes Luder!

«Nein, er arbeitet jetzt im Ministerium.»

Soll sie doch die Kaderabteilungen sämtlicher Ministerien abtelefonieren.

«Ja? Kann ich die Telefonnummer haben? Hallo!»

Ich sah sie direkt vor mir: in Panik verzerrtes Gesicht, die Ohren glühen.

«Die Telefonnummer ist geheim», sage ich.

«...»

«Ich kenne sie nicht.»

«Hier ist die Mutter seines Freundes Iwan. Er hat in meiner Abwesenheit aus unserer Wohnung eine Lederjacke mitgehen lassen. Hallo! Hören Sie?»

«Suchen Sie die Jacke bei Ihrem Sohn, hat man ihn denn noch nicht wegen des Falles Aljoschka K. eingesperrt? Das Revisionsverfahren läuft bereits!»

(Dieser ihr Sohn trägt bis heute einen Pullover von Andrjuscha, den ich ihm von meinem letzten Geld zum Geburtstag kaufte.)

«Apropos», sage ich, «kann mir Iwan nicht endlich das Geld für die Sachen geben, die er bei mir gestohlen hat?»

Der Hörer wurde aufgeknallt.

Leidenschaft, finstre Gewalten trieben blind, der Vernunft zum Hohn, zum Kniefall mich, vor dem Sohn, dem lieben, vor meinem verlorenen Sohn. Das ist ein Gedicht.

Andrej aß meinen Hering, meine Kartoffeln, mein Schwarzbrot, er trank meinen Tee, er aß, als er aus dem Lager kam, wieder wie früher mein Hirn und trank mein Blut, er bestand einzig aus meiner Nahrung, doch er war gelb, schmutzig und todmüde. Ich schwieg. Die Worte «Geh dich duschen» gingen mir nicht über die Lippen, aber sie saßen in der Kehle wie eine Kränkung. Seit seiner Kindheit rief dieser Satz Ekel und Erbrechen bei ihm hervor (weil diese Worte ihn verständlicherweise erniedrigen mußten, sie erinnerten ihn daran, was er, der Schwitzende und Schmutzige, wert war im Vergleich zu mir, der stets Reinen, zweimal am Tag Dusche und das ausgiebig: fremde Wärme! Die Wärme des Moskauer Heizwerks, in Ermangelung einer anderen.

«Gib mir Geld.»

«Was für Geld?» rief ich. «Was denn noch für Geld? Ich ernähre drei Leute! Essen! Alles! Und ich bin die vierte! Hier bestehen alle aus meinem Blut und meinem Hirn!»

So schrie ich. Ich hatte ganze fünf Rubel in der Tasche, ein Teil war auf dem Sparbuch – Mamas Versicherung –, der andere Teil steckte hinter der Scheuerleiste, denn ich hatte allen Bekannten und Unbekannten alles erzählt – daß ich für Übersetzungen nach Interlinearversionen aus mir unbekannten Sprachen fünf Überweisungen gekriegt hatte, daß mein Sohn, der Dissident, wegen falscher Anschuldigungen im Gefängnis sitzt, meine Tochter beinahe ohne Mann ein Kind gekriegt hat, daß ich nun zwei Studenten ohne Stipendium am Hals habe und einen Enkel dazu, oh und ach, mal Schühchen, mal Windeln.

«Hör mal, willst du dich nicht waschen? Willst du baden?»

Er sah auf mein Schlüsselbein und zuckte mit dem Auge.

«Stell dir vor, ich habe dir sowjetische Jeans gekauft, lach nicht, helle Schuhe, geh, zieh dich um, vorher unter die Dusche – basta.»

«Nein. Ich ziehe mich nicht um. Ich geh so. Gib mir Geld. Ich brauche etwas.»

«Wieviel brauchst du?»

«Vorläufig einen Fünfziger.»

«Pfui! Fünf Rubel für das Essen morgen und basta. Der da frißt alles weg, ich muß das Essen tatsächlich im Zimmer verstecken. Soll ich dir drei Rubel geben?»

«Ich brauche einen Fünfziger. Sonst bringe ich jemanden um.»

«Bring mich um.»

«Andrej!»

In der Tür stand meine herrliche Tochter.

«Andrej, komm zu uns, Saschka hat gestern Stipendium gekriegt, wir geben dir was, die verreckt lieber, bevor sie was rausrückt.»

Andrej zog schweren Schrittes mit diesen fünfzig Rubeln davon und kam zwei Tage nicht wieder, und inzwischen erschien der Abschnittsbevollmächtigte, fragte, wo A. sei, und sagte, daß ich ihn nicht in meiner Wohnung anmelden dürfte. Es gab große Panik, Aljona und ich beantragten die polizeiliche Anmeldung für Andrej und für Sascha. Ein Kuhhandel, wir nahmen sozusagen einen Austausch vor, so wie Staaten Spione austauschen. Ich hatte erst einmal einen fürchterlichen Schreck gekriegt, daß Andrej wieder wer weiß was angestellt hatte.

Aber er kam zwei Tage später in funkelnagelneuen Sachen an, in einem Jeansanzug, die Tasche über der Schulter, rasiert und mit zwei Schicksen, bei deren Anblick das Herz in meiner Brust zu rasen anfing wie das eines Adlers. Aljona kam aus ihrem Zimmer und war ebenso irritiert und zog sich in ihre warme Windelhöhle zurück. Mit den Schicksen ging er in mein Zimmer und blieb dort genau eine Stunde, obwohl ich unaufhörlich dezent mit dem Fingernagel an die Tür klopfte: Ich muß an meine Sachen. In Wirklichkeit aber dachte ich an die Scheuerleiste mit dem Geld. Aljona trat im Vorbeigehen mit der Ferse gegen die verfluchte verschlossene stumme Tür.

Als sie aufschlossen, streckte ich meine Hand hin und sagte: «Fünfzig Rubel.»

«...»

«Ich habe Aljona das Geld zurückerstattet.»

Die Schicksen blieben an der Tür stehen, er wühlte in meinem Schrank.

«Deine Sachen sind gepackt, was suchst du, der Koffer steht auf dem Schrank...»

Wutentbrannte Herzen von Müttern und Söhnen, sie schlagen stark und schrecklich. Wo bist du, weißblonder Junge, Geruch von Phlox und Kamillenwiese?

«Der Abschnittsbevollmächtigte war da, er hat uns gewarnt...»

«Der kann mich mal...»

«Wir sollen dich in der Wohnung nicht polizeilich anmelden...»

Mein Herz, mein Herz!

«Ach nee?»

«Wir melden dich an, Andrej, keine Bange, reg dich nicht auf.»

«Ich reg mich nicht auf. Ich heirate, ihr könnt euch mit eurer Anmeldung den Hintern abwischen!»

«Wen, die beiden da?»

«Und? Sind das schlechte Ehefrauen?»

Die Mädchen lachten schrill auf und zeigten ihre Zahnlücken.

«Übrigens, wo ist Oma?»

«Ich wollte es dir nicht schreiben... Unsre Oma hat sehr abgebaut.»

«Ist sie gestorben oder was?»

«Schlimmer. Das Schrecklichste, was mit einem Menschen passieren kann. Verstanden? Hast du mich verstanden?»

«Und wo ist sie?»

«In Kaschtschenko, wo sonst.»

«Mit Gewalt, was?»

Er nahm den Koffer, und sie zogen ab.

Nacht. Stille. Nachbarin Njura zerhackt Knochen. Morgen kocht sie eine Suppe daraus.

Merkwürdig, daß Desa Abramowna, die Stationsärztin der Nervenklinik, ein so ruhiger, so selbstsicherer, ja sogar beruhigender Mensch, bei einem unserer Gespräche etwas sehr Richtiges gesagt hat, das sich auf den obenerwähnten Dialog bezog, aber auch sonst gilt: daß außerhalb der Nervenklinik weit mehr Verrückte lebten als in der Klinik, dort lägen im allgemeinen ganz normale Leute, denen nur etwas ganz Bestimmtes fehle, aber was, hat sie nicht gesagt. Na und, mir fehlt auch manches, dachte ich damals und bewies damit meine völlige Verblödung, wie mir jetzt klar wird, wo alles zu Ende ist. Bei den ersten Gesprächen mit ihr habe ich immer geweint und geklagt, Mama habe beinahe die Wohnung in Brand gesteckt und den Gashahn aufgedreht usw., wir hatten sie im Sommer zwei Wochen alleine gelassen, und bei unserer Rückkehr lagen Würmer auf dem Balkon, Vögel kamen scharenweise angeflogen, und schwere, fette Fliegen taumelten förmlich über den Boden, Mama hatte Fleisch gekauft und auf dem Balkon vergessen. Und der Gestank erst! Das war überhaupt eine schreckliche Zeit damals, als Andrej ständig vorgeladen wurde, auch ich ging hin und wurde vom Untersuchungsrichter angeschrien, Andrej kam gelb und leblos nach Hause, und ständig rief ihn jemand an und schimpfte durchs Telefon, und Andrej nickte, ohne ein Wort zu sagen, und die Eltern jener verfluchten Freunde in Anführungszeichen luden ihn zu einem Treffen, sie bearbeiteten und überredeten ihn offenbar, die Schuld auf sich zu nehmen, Mama begriff von alldem gar nichts und sagte aufgeregt, der Junge fühle sich schlecht und esse nichts, das Mädchen sei gestern spät nach Hause gekommen, ihr heller Mantel hinten ganz grün, die hat irgendwo auf dem Rücken gelegen. Aber mit einemmal verstummte meine Mutter für lange Zeit und kam fast gar nicht mehr aus ihrem Zimmer, das war, als Andrej eines Morgens zum Verhör ging und nicht mehr zu uns zurückkehrte. Sie fragte nicht einmal, wo er war. Die Monate vergingen, sie reihte eifrig ihre Zähne, die sich ganz leicht aus dem Kiefer ziehen ließen, auf der Kommode aneinander und zeigte mir eines Tages triumphierend eine Plastiktüte mit blutiger Watte: So viel Blut ist aus meinem Hals gekommen! Wozu? Wozu machst du das? Welcher Kommission willst du das alles zeigen, gib her, ich werf es weg! Und wie du rumläufst, Mama! Was ist nur aus dir geworden? Du hast einen ganzen Schrank voll Kleider, ich bin es, die nichts zum Anziehen hat, aber du!? Wahrscheinlich hatte sie vor, das alles für bessere Zeiten aufzuheben, sie glaubte ganz fest, eines schönen Tages würden alle zur Seite treten, *sie* werde auf der Bildfläche erscheinen, in einem neuen Sommermantel oder dem bordeauxroten Wollkleid, und dann, aufgepaßt!, gibt's eine Hochzeit! Einmal hat sie sogar im Scherz gesagt, man solle sie für den Bräutigam aufbewahren, und ich fiel ihr ins Wort: «Für einen Rentner etwa?

Willst du den Rest deines Lebens einen Rentner versorgen?», ohne daß ich näher in Erfahrung bringen wollte, auf welchen Bräutigam sie eigentlich wartete. Sie blickte mich mit ihren kleinen, einstmals grauen Augen an, jetzt ist nur noch das blinde Blau übriggeblieben, alles ist verblichen und verschwommen – die matten Augen eines Säuglings, sie glänzen wie eine Pfütze. Sie antwortete strahlend, Rentner könne sie nicht ausstehen und sie beabsichtige keinesfalls, Nachttöpfe zu leeren. Es blieb also offen, worauf sie wartete, und es drängte sich die einzig mögliche Antwort auf, sie wartete auf die Rückkehr ihrer Jugend und glaubte unerschütterlich daran. Irgendwo in der Tiefe ihrer Seele harrte sie besserer Zeiten, das heißt, daß sie plötzlich erbeben, ihre Hülle abwerfen und aufblühen würde, so wie einst nach einem Sommerurlaub. Worauf endlich wartete sie in der Tiefe ihrer Seele? Auf Paradies und Himmelreich? Doch statt dessen geschah es, daß sie mich eines Tages leise zu sich rief, um mir zu sagen, daß man sie «holen kommt».

«Wieso denn das?»

«Leise.»

«Herrgott, wer holt dich denn?»

«Schau», sie wendete den Kopf vom Fenster und auch von mir ab, «dort.»

«Wo denn, was redest du da?»

«Da unten.»

Da unten sah ich einen regnerischen Tag.

«Und? Da ist nichts.»

«Sie kommen gleich wieder.»

«Wer?»

«Mit dem Buchstaben K und dem Buchstaben W.»

«Was denn für Buchstaben, was redest du da?»

«Leise, schrei nicht so.» Flüsternd: «Kranken-wagen.»

Ich schaute runter. Es fuhr tatsächlich ein Krankenwagen die Straße entlang.

«Na und?»

«Als ich gestern rausging, sind sie mir gleich nachgefahren. Und ein Milizionär ist hinter mir her, ich habe mich extra umgedreht und bin ihm entgegengegangen. Hab ihm extra ins Gesicht gelacht. Ich habe keine Angst vor denen!»

Ui! Ich stand wie angewurzelt in der Küche, dann ging ich zu Aljona und sagte, Oma ist verrückt geworden, worauf sie mir zur Antwort gab, du, du bist verrückt. Ich entgegnete ihr, es sei halb so schlimm, so was käme vor, so habe übrigens auch Tante Soundso, Omas Schwester, geendet, aber sie habe noch lange gelebt. Das sei vererbt. Aljona drehte sich schroff um und ging zur Großmutter, ich hörte sie leise reden, dann weinte Aljona und sagte «furchtbar». Worauf ich entgegensetzte, sie hätte schon längst auf mich hören und selbst zum Psychiater gehen sollen. Aljona lachte wie immer höhnisch, ohne zu wissen, daß ich bereits einen Nervenarzt konsultiert und sie in der psychiatrischen Sprechstunde angemeldet hatte, und der Arzt hatte sie bereits besucht, sich als Internist ausgegeben, Aljona hatte alle Fragen schroff beantwortet, wie auf Bestellung, und auf die Frage: «Warum bist du nicht in der Uni, warum gammelst du im Bett rum?» war sie aufgesprungen und demonstrativ aufs Klo gegangen, wo sie etwa fünf Minuten das Wasser laufen ließ, bis der Arzt weg war.

«Bist du etwa normal?» fügte ich hinzu. «Guck dich doch selber an. Du bist wieder nicht zur Uni, die ganze Nacht liest du, und morgens kommst du nicht aus den Federn. Das ist doch eine typische Psychose. Eine Erbkrankheit ist so eine Sache, meine Liebe.»

Ich sagte das alles nur, um sie aufzumöbeln, zu schockieren, aber mein Herz blutete, der Sohn in Haft, die Mutter erstirbt in sich, Menschen, betet für mich, wie die Geniale [1] schrieb. Ich wollte meine Tochter aus dem Schlaf der Vernunft reißen, in dem sie sich wegen Andrjuschas Haft befand, wegen ihrer Zensuren und der Pickel im Gesicht und wegen ihrer ersten Liebe, über die sie Tagebuch führte, und ich las es.

«Niemand darf dieses Tagebuch lesen, sonst gehe ich endgültig. Mama, Oma oder Andrej!

Niemand! Gestern hatten wir Seminar bei der Tatarskaja, S. setzte sich vor mich, drehte sich die ganze Zeit nach mir um und blickte mich trüb an, lachte aber. Lenka und er erzählten sich Witzchen, doch ich machte ein todernstes Gesicht, als wäre nichts, aber mir zitterten die Knie. Nach der Vorlesung packten Lenka und ich unsere Sachen, und in der Garderobe sagte sie plötzlich zu mir: ‹S. will mit dir Silvester feiern! Er hat es mir gesagt.› Ich zuckte nur mit den Schultern, wenn jemand gewußt hätte, wie meine Seele jubelte! Ich konnte kaum gehen! S. und ich werden zu Silvester zusammensein!

22. Dezember. Lenka hat mir wieder erzählt, daß S. mich anscheinend liebe, er würde sich oft nach mir erkundigen. Wenn man ihn fragt, kommst du mit ins Kino, fragt er, geht Aljonka mit? Und dann kommt er nicht mit. Und bei diesen Worten sah mich Lenka forschend an. Sie wollte sich vergewissern. Ich weiß

1 Anna Achmatowa, *Anm. d. Übers.*

doch, daß sie ihn liebt, aber von meinen Gefühlen ahnt sie nichts. Ich konnte heute vor Glück kein Auge zumachen. Gegen Morgen träumte ich von S., ich fuhr mit ihm in einem offenen Auto mit aufgeklapptem Verdeck, und seine Wärme hüllte mich ein. Heute war S. nicht da. Ich muß mich beherrschen lernen! Ich muß jeden Morgen Gymnastik machen. S. sagte letztes Mal, er sei erst um zwölf Uhr mittags aufgewacht.

30. Dezember. Morgen ist Silvester. Mit Ach und Krach die Prüfung bestanden. Weinte im Hörsaal 7. Lenka schwieg, sagte keinen Ton. S. war als erster dran und schon gegangen. Ich kam wie immer zu spät. Ich fragte sie, na, wohin gehst du morgen mit S.? Ich nahm meinen ganzen Mut zusammen, um diese hinterhältige Frage zu stellen. Sie antwortete, als sei das völlig normal: S. und ich gehen ins Kulturhaus des Instituts für Verkehrswesen. Hab ich dir das nicht erzählt, S. hat gesagt, er will zu Silvester nirgendwohin, er wird zu Hause bleiben und schlafen, er kann Feiern nicht ausstehen. Da hat Lenka für sich und ihn Karten für die Silvesterfeier in dem Kulturhaus gekauft, dort gibt es Sekt, Geschenke, eine Disko, Filme und ein Kostümfest. Interessiert fragte ich, welche Filme, sie sagte, amerikanische, die Karten seien jedoch schon ausverkauft, angeblich hatte sie zu Hause Geld geholt, um auch für mich eine Karte zu kaufen, aber es sei schon alles weg gewesen. Die Karten seien ganz schön teuer. Wenn du willst, dann komm doch mit, sagte sie, vielleicht kriegen wir um 22 Uhr noch eine. Ich sagte, ach, laß doch. Sie antwortete, wir könnten uns ja auch ein Kostüm für mich ausdenken, sie würde als Zauberin gehen und allen die Karten lesen, und S. würde das Seidenhemd von ihrem Vater kriegen, ein Tuch über die Haare und eine Augenklappe, ein Pirat. Nach diesen Worten bin ich wie ein geprügelter Hund nach Hause gegangen. Großmutter und Mama stritten sich, man müsse mich besser erziehen, die ganze Nacht liest sie, sagte Großmutter, und das Resultat, mor-

gens steht sie nicht mal zur Prüfung auf. – Erzieht lieber euren Andrej, der raucht! Ja!

1. Januar. Eine Sensation. Lenka und S. waren nicht im Kulturhaus! Ich bin wie eine blöde Gans um 22 Uhr hin, in Großmutters schwarzem Kleid und eine Rose im Haar (Carmen mit Fächer, den hatte ich von Großmutter, sie hat mich kostümiert), an der Kasse kaufte ich vollkommen problemlos eine Karte und hörte mir in dem halbleeren, kalten Saal ein schreckliches Konzert an, ein einziges Geschrei und Geheule, und dazu irgendwelche Volkstänze fast bis 24 Uhr, dann habe ich mich in die Schlange gestellt und mir ein Glas Sekt gekauft, man konnte auch einen Geschenkbeutel kriegen. Als es 12 schlug, trank ich den Sekt, blieb aber nicht zur Diskothek, sondern ging nach Hause schlafen. Mama und Großmutter saßen vor dem Fernseher und führten mit hitzigen Wangen ihren alljährlichen Neujahrsstreit zu Ende. Thema war wie immer Andrej, der bereits drei Tage lang nicht nach Hause gekommen war, er hatte angerufen, Großmutter war zum Telefon gerannt, aber Mama hatte ihr den Hörer aus der Hand gerissen und ihn runtergeputzt, sie habe wegen Großmutters Herz den Krankenwagen holen müssen usw. An dieser Stelle hatte er eingehängt, Mama hatte Großmutter nicht mit ihrem Liebling sprechen lassen.

5. Januar. Lenka kam zur Diamat-Konsultation[1] *und sagte, es habe mit den Karten nicht geklappt, sie sei selbst am 30. in den Zug gestiegen und zu ihrer Tante nach Piter*[2] *gefahren, dort habe sie mit ihren ganzen Verwandten zusammen ferngesehen, und noch schöner: mit einer ganzen Horde kleiner Kinder, die geplärrt hätten, weil sie ins Bett mußten. Tränen und Streit zu Silvester auf der ganzen Welt. S. kam nicht zur Konsultation.*

1 Diamat: Abkürzung v. Dialektischer Materialismus, Pflichtfach an sowjetischen Universitäten, *Anm. d. Übers.*

2 Umgangsspr. für Petersburg, *Anm. d. Übers.*

8. Januar. Ich habe ‹befriedigend› bekommen, muß die Prüfung noch mal machen. Zu Hause wird's Geschrei geben, weil ich jetzt vielleicht kein Stipendium kriege. S. kam, kriegte wie immer eine Eins und ging wieder. Lenka sagte, sie habe S. angerufen, S. habe bei einem Schulfreund zusammen mit seinen Klassenkameraden Silvester gefeiert. Lenka sagt, S. sei sicher schwul. Wir haben furchtbar gelacht.

12. Januar. S. kam in die Bibliothek, um mit T. I., einer stadtbekannten Nutte aus dem dritten Studienjahr, gemeinsam zu lernen. Sie lächelten einander zu, dann stand S. auf, trat von hinten an sie heran und legte sein Jackett über ihre Schultern. Er selbst hatte bloß noch einen schwarzen Pullover an. Lenka lächelte krampfhaft, auf ihrem Gesicht leuchteten rote Flecken. Dann rauchten wir auf der Toilette, und sie weinte. Ich weinte nicht, so leer war es in mir. Trist ist die Welt, meine Herren.[1] *Ich liebe dich, S., auch wenn du mir keine Beachtung schenkst. Ich möchte ihm ein Foto von mir schenken, mit den drei Worten ‹Denk an mich› hinten drauf. Aber wie? T. I. ist eine alte Nutte, sie ist bereits 20. Ich bin im Dezember 17 geworden. S. wird im Februar 17, er ist schon mit sechs in die Schule gekommen. Fragt sich, wer besser zu ihm paßt. Lenka ist 19. Sie ist ein prima Kumpel, aber sie ist ziemlich groß, sie wird's schwer haben im Leben. Sie magert ab. Ihre Stirn ist voll Pickel. Ich habe auch manchmal welche auf der Nase. Sie raucht sehr viel! Sie hat es mir zwar nicht erzählt, aber sie hat schon mit Jungs geschlafen. Sie sagt, sie wisse genauso gut Bescheid wie T. I., verschiedene Stellungen und alles. S. sei kein Mann, sie ist davon überzeugt.*

15. Januar. Ich liege im Bett. Ich tue beim Nichtstun, als ob ich arbeite, und schreibe, ich schreibe den Dialog zwischen Mutter und Großmutter auf.

1 Bekanntes Gogol-Zitat, *Anm. d. Übers.*

‹Ja du! Du hast schon das ganze Geschirr demoliert!› (Meine Mutter)

‹Ich bitte dich, welches Geschirr, bist du völlig meschugge?› schreit Großmutter. ‹Welches Geschirr denn, wo denn? Ich sterbe vor Angst!›

‹Hier, hier, an der Tasse fehlt der Henkel! Wo krieg ich jetzt eine neue Tasse her? Wo krieg ich jetzt einen Teller her?›

‹Das war ich nicht! Das war ich nicht! Oh, rettet mich, helft mir! Lieber Gott, was ist das bloß! Herrgott! Leute! Was ist das bloß? Hilfe! Ich knie nieder› (dem Krach nach zu urteilen, kniet sie umständlich nieder), ‹zum Beweis, daß ich es nicht war. Hier! Ich schwöre!›

‹Oh, oh, oh, steh auf, steh auf, was soll das, wieso machst du das, dann hast du den Teller eben zerschlagen, ist ja nicht so schlimm.›

(Langes Stöhnen) ‹Leute, rettet mich! Wo denn... wo denn...› (ächzt, steht offenbar auf), ‹wo hab ich denn was zerschlagen?!› (Weinend) ‹Als du meine blaue Tasse zerschlagen hast...›

‹Aha, aha, jetzt kommt deine ganze schwere Kindheit...›

‹Das einzige, was ich kaputtgemacht habe, ist die Tülle von der Teekanne...› (Der Stuhl knarrt, offensichtlich hat sie sich hingesetzt, um ihren Tee auszutrinken.) ‹Das stimmt, aber die kann man doch wieder ankleben... Ich hab die Tülle gerettet...›

‹Was für eine Tülle?!›

‹Die von der blauen Teekanne, das war alles. Halb so schlimm, die kann man wieder ankleben.›

‹Welche Teekanne... Was???!!! Das hat mir noch gefehlt! Das wird ja immer schöner! Die Tülle vom guten Service hat sie kaputtgemacht! Von der guten Teekanne! Wie soll man jetzt den Tee ausschenken?! Oje, oje.› (Bricht in Tränen aus.)

‹Du hast die Tasse kaputtgemacht, ich die Teekanne.›

‹Aljo-na! Komm mal her.›

‹Ich habe Prüfungen, Mama.›»

Ende der Tagebucheintragungen.

Um sie völlig aus der Fassung zu bringen, kam ich wieder auf die Pickel zu sprechen.

«Mit Pickeln ist nicht zu spaßen», fuhr ich fort. «Wenn du dich nicht wäschst, ja auch wenn du dich nicht unten wäschst und unterm Arm und wenn du deine Schlüpfer nicht auswäschst, dann riechen auch die Pickel. Und du könntest deine Wäsche selber waschen! Na gut, ich wasche für euch beide, Großmutter ist den Dingen nicht mehr gewachsen, aber du!»

«Ich bin den Dingen auch nicht mehr gewachsen», antwortete dieses (nur leicht) picklige, wie ein Schatten so fahle junge Mädchen, eine Turgenjewsche Heldin. Alle sollen ihr zu Füßen liegen, alle! Aber dann muß man sich wenigstens waschen.

«Erstens mußt du dich öfter waschen, auch den Kopf, das ist das Minimum. Und zweitens mußt du dich schützen, ja, schützen, wenn du schon mit Männern schläfst.»

Sie saß bereits in ihrem Zimmer und weinte über sich selbst, Gott sei Dank. O Egoismus der Jugend! Ich hatte befürchtet, daß der Anblick der Großmutter sie erschüttern, daß sie wieder nicht schlafen würde, doch o belebende Kraft der Beleidigung!

Seitdem sind gut sieben Jahre vergangen, das Leben.

Nacht.

Gerade heute klingelte jemand an der Tür. Wie immer fragte ich: «Wer ist da?» Die Antwort war: «Es geht um was.» Sehr einfallsreich. «Um was denn?» (Alles durch die verschlossene Tür.) Daraufhin der andere: «Wohnt hier ein gewisser …?»

Und es folgte der Name meines lieben Sohnes. Der hinter der Tür hatte im übrigen einen Akzent.

«Nein, nein, nein und nochmals nein.»

«Und wo finde ich ihn, gute Frau?»

Ich bekam einen fürchterlichen Schreck. Ich antwortete, er habe irgendwo eine Wohnung gemietet. «Die Adresse.» Das fehlt noch. Woher soll ich denn die Adresse wissen. «Machen Sie auf.» Nein, antwortete ich, außer auf Anweisung des Staatsanwaltes bin ich nicht verpflichtet, meine Tür zu öffnen. Schweigen. «Gut, Muttchen. Ich rate Ihrem Sohn, er soll sich in acht nehmen.» – «Wer sind Sie, aus dem Gefängnis? Kriminell?» – «Nein, er ist ein kriminelles Element, verstanden? Wir finden ihn sowieso, wir kriegen ihn, also paß gut auf ihn auf!» Sie traten gegen die Tür und gingen, es waren viele Füße. Etwa sechs. An diesem Tag bin ich nicht auf die Straße, und mein liebes Söhnchen habe ich sofort angerufen. «Seine Majestät» waren nicht zum Reden aufgelegt.

«Grüß dich.»

«…»

«Was macht deine Ferse?»

«Hm.»

«Kümmerst du dich um Arbeit?»

«Hmm.»

«Und warum nicht?»

«Ach, fick doch deine Mutter.»

«Das geht nicht, mein Sohn. Meine Mutter, also deine Großmutter, kann ich beim besten Willen nicht... na das, was du von mir verlangst. Nun lach doch mal! Warum bist du so mürrisch.»

«A... mm.»

«Du mußt dich unbedingt um Arbeit kümmern.»

«...»

«Ach ja, weißt du, es ist wieder jemand hinter dir her.»

«Was heißt, hinter mir her, haben meine Freunde nach mir gefragt?»

«Deine Freunde. Sie haben gesagt, sie finden dich sowieso. Sie kriegen dich.»

«Wer?»

«Deine Freunde, wie du sie nennst. Ich hab ihnen gesagt, geht, ihr seid kriminelle Elemente.»

«Prima!» (Drohend)

«Sie haben gesagt, das sei noch nicht raus, wer hier kriminell ist. Andrej! Was hast du wieder angestellt?»

«Ich? Ich bitte dich! Wieso ich?»

Der Antwort nach zu urteilen, war wirklich was passiert.

«Um es kurz zu machen, die suchen dich, es waren sechs Füße. Dem Krach nach zu urteilen.»

«Also drei?»

«Das mußt du besser wissen. Vielleicht waren es Einbeinige. Auf jeden Fall suchen die dich, laß dich bloß nicht hier blicken.»

«Aber... aber ich wollte mir gerade Geld bei dir holen.»

«Du – bei mir?»

«Mama, du hast dir alles nur ausgedacht, stimmt's?»

«Komischer Kerl», antwortete ich und legte den Hörer auf. Den allmonatlichen Tribut, den ich ihm seiner Meinung nach zahlen muß, hat er schon zweimal gekriegt! Zwei Diebstähle! Ich bin jetzt bettelarm! Das erstemal hat er mein liebstes Buch, es stammt noch aus meiner Kindheit, mitgenommen, den «Kleinen Lord». Ich hatte immer gewartet, bis Timotschka soweit ist, die schreckliche Nachricht zu verkraften, daß für den kleinen Lord am Ende nichts übrigbleibt. Einmal hatte ich ihm schon bis zu dieser Stelle vorgelesen, ein einziges Mal. Da wollte er nichts mehr hören, und ich habe das Buch beiseite gelegt, und Andrej hat es sich gegrapscht. Stellt euch mein Entsetzen vor! Der Kleine kann ja schon alles mögliche, aber den Schrank aufschließen, das kann er noch nicht.

Diese erniedrigenden Verhandlungen, der Kleine und ich fingen Andrejs Frau Nina früh am Morgen nach dem Nachtdienst vorm Krankenhaus ab, Nina war mürrisch und finster und sagte, sie halte es mit ihm nicht mehr aus, er solle verschwinden. Es stellte sich heraus, daß sie schon ein halbes Jahr keine Miete mehr zahlten. Nina hatte wenigstens die Telefonrechnung beglichen, den Strom allerdings hatte man ihnen schon abgeschaltet. Da hatte Andrej sich zu der Verzweiflungstat entschlossen und mich bestohlen.

Nina war einverstanden, den «Kleinen Lord» gegen vierzig Rubel zurückzutauschen. Vierzig Rubel! Ich hatte immer den Verdacht, daß Nina eine von den beiden Schicksen war, die mit der schwarzen Brille und der Kriegsbemalung, ich habe ihr nie über den Weg getraut.

Es war passiert, als Andrej das letzte Mal in meiner Abwesenheit das mütterliche Nest aufgesucht hatte. Ich gab mir einen Ruck und ging so weit, ein zusätzliches Schloß einbauen zu lassen, ich rannte mir die Hacken ab, um einen Schlosser zu kriegen, zwei kamen, sie sahen sich die Tür an, die Tapete im Korridor, den Fußboden, da war nichts zu machen. Die Tür gefiel ihnen nicht, ein Schloß lasse sich da nicht einbauen, doch ich flehte sie an, ich sagte einfach die Wahrheit: Ein Mann aus dem Gefängnis, der hier gemeldet ist, bricht die Tür auf und klaut alles. Er kriegt keine Arbeit, hat nichts zu essen, dabei habe ich selbst... Ich weinte nicht, aber ich zitterte. Sie machten ein gelangweiltes Gesicht, dieses Theater, dieses ewige Theater: Es sei unmöglich, die Arbeit ohne Zusatzlohn auszuführen. Doch ihre Geldgier verflog angesichts des fremden Leids, sie machten ihre Arbeit und zogen ab, und ich legte mich hinter dem neuen Schloß wie hinter einem Schutzwall schlafen, aber der nächste Angriff ließ nicht lange auf sich warten. Andrej gefiel es, mich wie eine Laus zu melken. Dieser Monat war allerdings besonders verrückt, ich bat Burkin noch um vierzig Briefe zusätzlich, ich sagte ihm, ich hätte allen Ernstes Schulden machen müssen, das zog bei ihm, denn er machte selbst manchmal Schulden. Alles andere akzeptierte er nicht: Geburten, Krankheiten, Gefängnis, so etwas haßte er, darauf reagierte er nicht. Saufen und Moneten fürs Saufen, dafür hatte er Verständnis. Die schlimme Wahrheit meines Lebens war ihm unangenehm. Oh, wie fröhlich kam ich immer in die Redaktion! Ich flatterte förmlich herein, lächelte, ich brachte mich fast um vor Schmeicheleien, meine Wangen glühten, mein Gesicht, das spürte ich, wurde schmal, meine Haut glatt, meine Arbeitshände, die aussahen wie die Schaufeln einer Schildkröte, waren vorsorglich in Ordnung gebracht, ich hatte sie gründlich massiert und die Fingernägel halbmondförmig geschnitten. Der Kleine wartete während meiner Besuche in der Redaktion immer auf dem durchgesessenen Sofa neben dem Pförtner: Kinder durften nicht mit nach oben! Für die dort oben im zweiten Stock war ich eine unbedeutende Dichterin, und mein Alkoholiker, der Redaktionschef, war ein rauher, aber gerechter Mäzen, der den Sklaven buchstäblich tröpfchenweise aus sich herauspreßte[1], das heißt, er wurde nicht gleich weich, wenn ich ihm schmeichlerische Worte sagte wie: «Was würde ich ohne Sie machen», oder: «Geben Sie mir Geld für ein Glas Wodka», oder: «Sie sind mein Retter». Er kramte in seinem Schreibtisch, ging raus, kam wieder rein, im Schreibtisch rollte eine leere Flasche hin und her, ein überflüssiger Wink mit dem Zaunpfahl, der bei mir fehl am Platz war, nie im Leben würde ich jemand Schmiergeld geben, wovon auch, er telefonierte, wühlte in seiner Aktentasche, er plauderte mit seinen Mädchen, die einzeln hereintröpfelten, sich aber bald zu einem Häufchen sammelten, und keiner ging, so als warteten sie auf jemanden. Sie machten es sich auf seinem Tisch bequem, es fehlte nicht viel, und sie hätten sich auf seinen Schoß gesetzt, sie waren jung und schön, doch auf mich wartete Tima, der ungeduldig auf dem Sofa rumturnte. Ein paar diensteifrige Kollegen aus der Nachbarabteilung kamen auch noch dazu, doch es war alles noch nicht in

1 Bekanntes Tschechow-Zitat, *Anm. d. Übers.*

dem Topf, wo's kocht, sie hofften darauf, daß jemand sie in die Kneipe führte. Ich jedoch hatte nur einen Gedanken: Briefe und nochmals Briefe!

Möglicherweise wollten die Mädchen auch Briefe, möglicherweise waren sie allesamt hungrige Dichterinnen, doch Burkin konnte nicht alle ernähren, solche Briefe verschaffte er nur noch der Witwe seines Freundes, der ertrunken war, aber nicht wieder aufgefunden wurde, weshalb es irgendwelche Komplikationen mit der Rente für die zwei minderjährigen Kinder und die Ehefrau gab, die nicht arbeitete und von nichts eine Ahnung hatte. Burkin brachte ihr bei, wie man nach einem einzigen Schema fünf Versionen von Antworten herunterschreibt, das hat sie mir selbst gestanden, während ich jedesmal ein regelrechtes Kunstwerk zu einmaliger Verwendung schuf, das waren leidenschaftliche Nächte, Gespräche mit den unsichtbaren Seelen von Rentnern, Seeleuten, Finanzbeamten, Studenten und Schülern, Meistern, Medizinern, Pförtnern und Gefangenen. Sie schrieb: «Verehrter Genosse... Leider kommt (kommen) Ihr (Ihre) Gedicht(e)/Erzählung(en)/Roman/Novelle/Poem für unsere Zeitschrift nicht in Frage. Die Thematik unserer Zeitschrift ist eingeschränkt...» Das war Variante Nummer eins. Stimmte die Thematik, so: «...läßt Ihr Werk hinsichtlich Sprache und Stil zu wünschen übrig, wir wünschen Ihnen in Ihrer weiteren Arbeit viel Erfolg.»

Und was schrieb ich? Ich schrieb Poeme. Ich zitierte, gab Ratschläge, lobte und kritisierte dann mit sehr viel Mitgefühl. Wenn mein Burkin meine Werke entgegennahm, verzog sich sein Gesicht jedesmal vor Kummer. Doch für mich verbargen sich hinter jedem Manuskript lebendige Menschen, vielleicht sogar Kranke, ans Bett Gefesselte, wie Nikolai Ostrowski! Invaliden und Bucklige! Manchmal schrieben sie bereits speziell an mich und sandten ihre Manuskripte mir persönlich zur Begutachtung, aber gerade die gab Burkin regelmäßig der armen Witwe für die Variante «Verehrt. Gen.».

Neue Autoren fürchtete er wie das Feuer. Und unerwartet begann ich dann auch noch, Prosa zu schreiben und noch dazu als Ich-Erzählung meiner Tochter, so als wären es ihre Memoiren, ihr Standpunkt. So etwas, daß mir das mitten in der Nacht einfallen mußte, als ich schlaflos in der Küche saß! Hier ein Ausschnitt, doch Burkin wollte unter keinen Umständen ran:

«Lieber auf der Straße als das hier: Der Wohnungsbesitzer – ein gewisser Scheremetjew, der die Wohnung an mich vermietet hat, weil er in den Norden ging, um Geld zu machen – ist zu Besuch gekommen, hat gleich den Sprung im Klobecken entdeckt und gesagt: ‹Ich bin wieder zurück, ich bringe jetzt öfter Frauen mit, das geht nur hier, ich kann sie ja nicht zu meiner Frau mitschleppen, ich bin physisch ein kräftiger Bursche, du mußt dann mit dem Kind weg. Kannst aber auch bleiben, es gibt ja auch Liebe zu dritt.›»

Anm. des Autors: Scheußliche Gedanken kommen mir in den Kopf, schrecklich, schrecklich, wenn ich mir vorstelle, wie hilflos meine Tochter ist, aber es sind fast genau dieselben Worte, die ihr damals unter Tränen entschlüpften, als sie erzählte, wie schrecklich sie lebt. Sie hat mir alles von diesem Scheremetjew erzählt.

Weiter: «Einmal habe ich mit der Kleinen bei meiner Mutter geschlafen, mitten in der Nacht Lärm und Getöse, sie machte das Licht an und brachte den Jungen demonstrativ aufs Klo: Pinkel, pinkel, mein Kleiner, wenn du schon ins Bett gepinkelt hast, dann machte sie auch bei uns im Zimmer Licht an, um im Schrank nach einer sauberen Unterhose zu suchen, sie kramte im Schrank rum, Katja wachte in ihrem Wagen auf, der Junge stand barfuß neben ihr und hielt sich mit seinen beiden kleinen Händchen zitternd vor Kälte an ihrem Ellenbogen fest, er stand naß und ohne Unterhose im Hemd da. Der Po ganz dünn, die Beinchen dünn, ein Haufen wirrer Locken auf Kopf und Schultern, ein Engel! Sie beachtete uns nicht, dabei heulte Katja bereits in ihrem Wagen, mir blieb sowieso nichts als aufzustehen, wenn auch sehr ungern, ich sagte: ‹Mama, komm, ich helfe dir suchen.›

‹Ausgerechnet du!› – Geschrei, Gejammer, Tränen. ‹Als ob du hier was finden könntest, verdammt noch mal! Dieses Luder!› (Wem das galt war unklar.) ‹Habe ich nicht gesagt, das Kind soll abends nichts mehr zu trinken kriegen! Ihr lebt auf unsere Kosten, schämen solltet ihr euch, sich auf seine Kosten satt zu essen, so daß er vor Hunger trinken muß!› (Noch immer eine hochgewachsene, schöne Frau, im zerrissenen Nachthemd, sie befreite ihren Ellenbogen aus seiner Umklammerung, er fing plötzlich bitterlich an zu weinen und bedeckte sein Gesicht mit den Händen.) ‹Hier!› schrie sie wie eine griechische Schreckensgöttin. ‹Hier! Zieh das an!›

‹Komm her, mein Junge, ich zieh es dir an›, sagte ich, ohne meinen Hintern vom Bett zu heben.

‹Er, er! Er muß es jetzt endlich lernen, ich werde bald auf den Friedhof kommen, wo bleibt er dann? Er muß jetzt alles selber machen!›

Plötzlich fiel er wie hingemäht auf den Fußboden und weinte. So ein Theater! Und Katja schluchzte und schluchzte und heulte plötzlich wie eine Sirene los!»

So eine kleine Szene hatte ich geschrieben, selbstkritisch und völlig objektiv, und wieso – ach ja...

Es ging darum, daß mich plötzlich ganz unverhofft meine Tochter angerufen hatte, die bekanntlich als Verstoßene mit ihrem Bastard Katja, den sie von einem imaginären Geliebten hat, allein lebte. Dieser Anruf kam ganz unerwartet und war beendet, noch bevor ich überhaupt einen Ton rausbringen konnte. Also so (das muß man sich mal vorstellen):

Das Telefon klingelt: Klinglingling!

Der Kleine rennt hin, aber ich komme ihm zuvor, ein kleiner Ringkampf.

«Hallo!»

«Mama, ich bin's.»

«Grüß dich!» (Ich)

«Mach's nicht so feierlich.»

«Schon gut.»

«Mama. Hör mal. Ich habe Eiweiß im Urin.»

«Wie oft habe ich dir gesagt, daß man die Regeln der täglichen Hygiene beachten muß. Du hast dich unten nicht gründlich gewaschen, und jetzt hast du Eiweiß im Urin.»

Als Antwort ein verhaltenes Lachen. Wie immer übrigens. Wenn sie sterben will, lacht sie immer so. Warte nur, bald werde ich so lachen.

«Mama.»

«Also, ich höre ja schon.»

«Sag mal, die wollen mich ins Krankenhaus bringen.»

«Red keinen Unsinn. Was für ein Krankenhaus, du hast ein Baby. Wie kannst du da ins Krankenhaus? Als erstes mußt du dich endlich unten ordentlich waschen, und dann gibst du deinen Urin noch mal weg.»

Sie entgegnet: «Gut, diese Frage haben wir geklärt. Aber wenn auch das Blut schlecht ist? Was soll ich dann machen? Sterben?»

«Was heißt hier schlecht? Wie kann es in unserer Zeit schlechtes Blut geben? Bei wem hast du schon mal gutes Blut gesehen? Bei dem Kleinen vielleicht? Du als seine Mutter, hast du auch nur die geringste Vorstellung davon, daß er einen Hämoglobinwert von soundso bei einer Erythrozytenzahl von soundso hat?»

Verhaltenes Lachen.

«Ich habe nicht mal die Hälfte.» (Die Antwort)

«Wieso du, wieso immer nur du? Wir reden von deinem Sohn, von seinem Leben! Tu irgend etwas, gib ihm wenigstens das Geld! Das du dir unter den Nagel gerissen hast! Jawohl! Wenigstens das kannst du zahlen! Er muß Leber essen! Walnüsse! Jawohl! Verschluck dich nicht beim Lachen, möchte mal wissen, was daran komisch ist, blöde Gans! Verdammt noch mal!»

«Also, Mama, du glaubst, es ist nicht so schlimm?»

«Warum heulst du jetzt?» (Pause)

«Ich heule nicht.» (Verhaltenes Lachen)

«Wer denn?»

«Du», mit zitternder Stimme, «du, ich muß ins Krankenhaus, damit das Kind nicht abgeht.»

«Was? Was faselst du da wieder? Psychopathin. Was hast du gesagt?»

«Was hast du bloß, in zwei Wochen habe ich meinen Entbindungstermin, und die Ärzte sagen, daß ich wegen zu hohen Blutdrucks, weißt du, daß ich eine Eklampsie oder irgend so etwas kriegen kann. Bei der Entbindung. Krämpfe oder so etwas. Meine Nieren können versagen, so ist das. Wo soll ich mit Katja hin?»

«Pf! Pf! Mir haben die damals auch einen Schreck eingejagt, reg dich ab. Unsre Familie läßt sich nicht so leicht ins Bockshorn jagen. Als ich mit dir schwanger war und Andrej klein war. Und was soll ich dir sagen? Obwohl ich Mama und deinen berüchtigten Vater hatte, ging ich nicht wie du ins Krankenhaus, sondern ganz normal zur Entbindung, erst als die Wehen anfingen, um halb sieben morgens, habe ich ihn geweckt...»

«Ist ja gut.»

«Dein berühmter Vater wollte nicht mal aufstehen... Laß dich nicht von denen einwickeln, geh nicht ins Krankenhaus! Die legen dich auf den Untersuchungstisch und stochern mit dem Löffel herum, angeblich für die Analyse, dann kriegst du dein Kind zu früh, so wie ich: die hatten doch die Fruchtblase durchstoßen! Denen ist es doch nur recht, wenn die Kinder früher kommen, dann brauchen sie weniger Schwangerschaftsgeld zu zahlen, ist den Ärzten doch egal!»

«Dann mache ich es so, wie du sagst, Mama, ich habe hier schon eine Nachbarin gefragt, aber die kann nur fünf Tage auf Katja aufpassen, aber fünf Tage, das reicht nicht.»

«Na gut, halt die Ohren steif, was hilft's, man muß sich zusammenreißen! Geh denen aus dem Weg, und mit Gewalt bringen sie niemand ins Krankenhaus. Alles halb so schlimm.»

«Na dann tschüs.»

«Tschüs. Küßchen.»

«Jaja.» (Lachen) «Wie geht's denn dem Jungen?»

«Was geht dich das an?» (Triumphierend) – Und ich legte den Hörer auf.

Und erst dann begann mir langsam, aber grauenhaft, alles klarzuwerden, und ich begriff den Schrecken meiner Lage.

Erstens, sie kriegt wieder ein Kind. Und sie hat sich von mir verabschiedet und ist im schwangeren Zustand irgendwohin gehumpelt, dazu noch mit dem Kinderwagen, und sie wollte mir zweitens die Dicke aufhalsen. Wer weiß, für wie lange. Was tun, o Herr, was tun? Was hat sich dieses Weib in seinem kranken Hirn noch alles ausgedacht? Wozu braucht sie noch ein Kind? Weshalb hat sie nicht rechtzeitig abgetrieben? Sie hat gestillt. Alles klar, und hat es erst gemerkt, als die Frucht schon anfing, mit den Beinen zu strampeln, ich konnte mir den ganzen Hergang genau vorstellen. Solange eine Frau stillt, kommt's häufig vor, daß die «Rote Armee» ausbleibt, wie sich meine Tochter gegenüber ihrer Freundin Lenka ausdrückte: «Bei mir ist die Rote Armee gekommen, ich kann heute keinen Sport mitmachen.» Viele fallen darauf rein. Der Rüde kommt angekrochen, das ist nicht sein Problem. Wer war dieser Rüde? Wer? Der gleiche streunende stellvertretende Direktor vom letztenmal, oder der Schlosser? Oder, und das wäre die schlimmste Variante, der Wohnungsbesitzer aus dem Norden? Wie lange soll das so weitergehen? Eine Abtreibung haben sie so spät natürlich abgelehnt. Und deshalb (ich rekonstruiere nach Erinnerungsfetzen) ging sie den Ärzten mit ihrem Eiweiß und dem hohen Blutdruck auf die Nerven: Eine Entbindung ist schädlich für mich, bitte machen Sie doch noch eine

Abtreibung, auch wenn die Frist überschritten ist. Doch sie haben sie – hopp – auf frischer Tat ertappt und von einem Arzt zum andern geschickt, und dann wollten sie sie ins Krankenhaus stecken, zur Beobachtung, damit ihnen ja nichts entgeht, als hätte sie der Ehrgeiz gepackt, auch nicht ein einziges Kind zu verlieren. Als kämen sie ohne diese Kinder nicht aus. So was nennt man gewöhnlich Arbeitsrausch, der gleiche Rausch wie beim Schachspiel. Ohne Ziel, einfach so. Schwups – ein Kind! Und noch ein Kind, doch wozu, wer braucht sie schon? Man hätte jemanden finden müssen! Eine Krankenschwester im weißen Kittel, damit sie ihr eine Spritze gibt, eine Frau in Weiß, die Weiber kriegen das schon hin, auch im sechsten Monat. Andrejs Frau Nina hat von einer Nachbarin erzählt, die nicht rechtzeitig zur Unterbrechung gegangen war, sie hatte Urlaub gemacht und die Frist verpaßt, dann schickte sie die Kinder übers Wochenende weg, das war bereits im Oktober, und brachte mit Hilfe einer Spritze ein Sechsmonatskind zur Welt, es piepste die ganze Nacht bei offenem Fenster, während sie im Nachbarzimmer den Fußboden wischte, aijaijai, gegen Morgen sei es still geworden, wie sie es geplant hatte. Die ganze Nacht ist sie kein einziges Mal zu ihm hin. Und der Arzt stand ihr nicht bei, er ist nach der Spritze abgehauen. Siehst du: die hat einen Arzt gefunden, sogar einen Mann, und hat ihn bezahlt. Du saugst uns das Blut vollkommen unnötig aus! Warum hast du dich um nichts gekümmert? Muß deine Mutter für alles den Buckel hinhalten?

Denn unser Gespräch damals ging nicht um Eiweiß im Urin, sondern darum: Mama, hilf mir, es ist wieder was Schlimmes passiert. Mama, du hast mir immer beigestanden, hilf auch jetzt. – Aber Tochter, ich habe nicht die Kraft, noch ein Wesen zu lieben, das wäre Verrat an dem Kleinen, das verkraftet er nicht, er hat schon die Neue so böse angesehen. – Mama, was sollen wir machen? – Nichts, ich kann dir nicht helfen, ich habe dir alles gegeben, all mein Geld, du meine Sonne, meine Liebe. – Ich gehe zugrunde, Mama, schrecklich. – Nein, meine Liebe, reiß dich zusammen. Ich muß mich ja auch zusammenreißen. Ich bin deine einzige Mama, und ich halte mich doch auch noch aufrecht. Neulich ist es mir zum Beispiel passiert, daß ein Mann auf der Straße zudringlich wurde, er hat mich für ein junges Mädchen gehalten, «Hallo, Fräulein!» Kannst du dir das vorstellen! Deine Mutter ist noch Frau! Du mußt dich auch zusammenreißen. Ja? Hierher könnt ihr nicht ziehen, wieder diese haßverzerrten Gesichter, die uns aus dem Flurspiegel anblicken, wir streiten uns ja immer im Flur, unserem Gefechtsplatz. Und *er* sieht alles mit an, das heilige Kind, und versteht nicht, daß seine ganze Welt zusammenbricht, seine Mutter (ich) und seine Aljona (seine Mutter) werfen sich die schlimmsten Ausdrücke an den Kopf, seine beiden Göttinnen! Ich lebe doch für ihn! Du hast mir doch selbst gesagt, lieber auf der Straße als mit mir! Reiß dich zusammen, Tochter!

Ist gut, Mama, entschuldige, ich bin eine Idiotin. Ich küsse dich. (So stellte ich mir in meiner Phantasie die Fortsetzung unseres Gesprächs vor.)

Der Kleine kam heran: «Oma, warum zitterst du so, nimm die Hände vom Gesicht, zittre doch bitte nicht so. Mach keine Panik.» – Da brachen endlich Freudentränen aus meinen Augen, aus den trockenen Höhlen, sie brachen hervor wie Sonnenlicht im Birkenwald. Mein Lieber, mein ewig strahlender Sonnenschein.

Wie ein Toter erduldete er meine unzähligen Küsse. Die Haut hell und leuchtend. Die Wimpern dicht, sie kleben wie Strahlen zusammen, die Augen graublau, die hat er von Großmutter Sima, meine sind goldgelb wie Honig. Mein schönes Kind, mein Engel!

«Mit wem hast du telefoniert?»

«Nicht so wichtig, mein Kleiner. Mein Schöner.»

«Nein, sag, mit wem?»

«Ich habe dir doch gesagt, das sind Erwachsenengespräche!»

«Mit Aljona? Hast du Aljona angeschrieen?»

Ich genierte mich vor dem Engel. Kinder sind schließlich das verkörperte Gewissen. Wie Engel so besorgt stellen sie ihre Fragen, später lassen sie es sein und werden erwachsen.

Treten ins Leben ein und verstummen. Sie begreifen, daß sie machtlos sind. Daß sie nichts verändern können, daß niemand etwas verändern kann. Ich konnte dem Kleinen nicht in den Rücken fallen.

«Was hast du geschrieen, was muß man waschen?»

«Nein! Nicht doch! Ich habe geschrieen, daß die schmutzige Wäsche endlich gewaschen werden muß.»

«Bist du blöd?»

«Oh, ich bin blöd, mein Engel, ich bin eine Idiotin. Ich liebe dich.»

Unzählige Küsse auf Wangen, Stirn und Nase, aber nicht auf den Mund. Kinder darf man nicht auf den Mund küssen. Ich hab mal erlebt, wie ein Vater mit seiner Tochter in der Straßenbahn vom Kindergarten nach Hause fuhr. Und wie er sie mit Küssen auf den

Mund peinigte. Ich habe ihn streng zurechtgewiesen, durch den ganzen Wagen. Wie ein Sexualverbrecher, hochrot im Gesicht und erregt, ließ er von seiner Tochter ab, das unglückliche fünfjährige Mädchen war schon ganz erschöpft vom Lachen und Kitzeln, denn er kribbelte es auch noch. Er kam zu sich und beschimpfte mich mit schmutzigen Ausdrücken, sah mich gehetzt und beleidigt an. Woher sollte er es auch wissen? Er sagte, was alle sagen: Mach dich nicht voll.

«Sehen Sie nicht, wohin Sie das Kind gebracht haben?! Ich kann mir vorstellen, was Sie zu Hause mit ihr anstellen! Das ist doch ein Verbrechen!»

Der ganze Wagen geiferte los, aber Stein des Anstoßes war ich.

«Was geht das Sie an, Sie alte Vettel! Steinalt, und nur das eine im Kopf!»

«Ich, ich meine es doch nur gut mit Ihrem Kind. Für so was kommt man schließlich ins Gefängnis. Mißbrauch von Minderjährigen! Kindesvergewaltigung!»

«Schwachsinnige alte Kuh!»

«Und dann wundern Sie sich, wenn sie mit zwölf plötzlich ein Kind kriegt. Und nicht mal von Ihnen.»

Ein Glück, ich hatte ihn von seiner Tochter abgelenkt, jetzt juckte ihn etwas anderes: Wie gern hätte er mir eine in die Fresse gehauen. Und vielleicht denkt er jetzt jedesmal, wenn er das Bedürfnis hat, seine Tochter mit Zärtlichkeiten zu überschütten, an mich und schaltet um auf Haß. Und wieder habe ich ein Kind gerettet! Ich rette immer alle! Ich bin die einzige in unserer Stadt, die nachts in unserem Viertel lauscht, ob nicht jemand um Hilfe schreit! Einmal hörte ich im Sommer um drei Uhr nachts einen unterdrückten Schrei: «O

Gott, was soll das? O Gott, was ist denn das?» Ein unterdrückter, schwacher weiblicher Schrei. Ich lehnte mich aus dem Fenster (meine Stunde war gekommen) und schrie triumphierend: «Was geht da unten vor?! Ich hole die Miliz!»

(Die Miliz kommt übrigens gern, wenn der Täter noch da ist, der Fall kann dann noch am Tatort hundertprozentig aufgedeckt werden! Das weiß ich aus meinen Analysen.)

Prompt hängten sich unter mir noch andere aus dem Fenster, es schrie noch jemand, und buchstäblich zwei Minuten später sah ich, wie zwei der Frau zu Hilfe eilten. Meine Aufgabe war, den Verbrecher zu erschrekken, damit er von seinem Opfer abläßt, ohne sein Ziel erreicht zu haben.

«Hier, hier, Genossen, er ist hier, im Gebüsch!» (Obgleich sie noch mindestens 100 Meter zu laufen hatten.)

Er sprang blitzschnell aus seinem Versteck hervor und verschwand um die Ecke. Da fing die Frau im Gestrüpp laut zu weinen an. Ich kann mir die Angst und ihren Abscheu vorstellen, da vergeht dir das Lachen, wenn dich jemand wie ein Tier würgt und mit dem Kopf gegen die Wand schlägt.

Solchen Abscheu habe ich selbst schon erlebt, als ich einmal fremde Hände auf meinem Körper fühlte, in der Metro, plötzlich krabbelt etwas an meiner Hüfte, wie eine Schlange, die in mich reinkriechen will: Jemand kramt in meiner Handtasche. Ich drehe mich um und rufe: «Was suchen Sie denn in meiner Tasche?» Da entfernen sich gleich drei weitere Personen schnell aus meiner Nähe, eine lachende Frau und zwei schwarze, geschorene Männer, sie verschwinden zusammen mit meinem Schwarzen und gleichfalls Geschorenen in der Menge. So werden wir siegen!

Aufklärung, juristische Aufklärung in diesen dunklen Bodensatz, in diese Masse tragen! Ich bin das verkörperte schwarze Gewissen des Volkes, es spricht aus mir, es ist, als verkündete nicht ich die schreckliche Wahrheit, sondern eine Pythia. Überall, wo meine Ideen gehört werden, in Schulen, Pionierlagern und Roten Ekken, drängen sich die Kinder zitternd zusammen, aber sie prägen sich meine Worte ein!

Auch mein Unglücksrabe sitzt dann immer neben mir, ich vergesse ihn ganz, aber die Kinder schauen bald auf ihn, bald auf mich und halten uns beide für ein einheitliches Ganzes, das unwiderruflich zusammengehört. Sieben Rubel und ein paar Kopeken kriege ich dafür, aber immerhin drei, vier Auftritte im Monat, plus die Briefe...

Wo ist die Macht, die eine Frau in dem Drang, ihr Kind zu ernähren, aufhalten könnte? Wo ist diese Macht?

Trete in dieser Woche im Pionierlager auf, dank Nadetschka B., die Gute hat mir zwei Auftritte verschafft. Wir werden gefahren, der Treff soll vor dem Büro für Propaganda sein, es heißt, wir kriegen dort was zu essen!!! Ich habe wie immer Timofej bei mir. Wir mußten lange vorher anfangen, uns fertigzumachen, denn wie gewöhnlich gab's Theater mit dem Anziehen.

Und da begann das Allerentsetzlichste. Nicht das

Entsetzlichste überhaupt, sondern der Anfang dessen, was dann folgen sollte. Das Telefon klingelte, der Kleine stürzte zuerst hin und preßte mit beiden Händchen lange den Hörer an den Kopf, er wollte ihn nicht hergeben, die alte Geschichte, immer stürzt er sich gleich auf alles.

Tima: «Hallo! Hallo! Was? Wen? Welche Anna? Hallo. Wen?»

«Gib her, gib her, mein Kleiner. Gib der Oma den Hörer.»

«Warte doch mal! Ich kann nichts verstehen! Was, hallo!» – Pause. «Sie haben aufgelegt.»

Ich: «Nie wieder! Hörst du? Mach das nie wieder...»

Es klingelte wieder. Erneuter Kampf. Ich reiße ihm den Hörer weg, er plärrt und tritt mich gegen's Schienbein. So ein Schmerz... Ich schleudere ihn mit dem Arm weg und beginne ein höfliches Gespräch, aber der Kleine sitzt auf dem Fußboden, seine Augen blitzen wie geschliffenes Kristall, gleich heult er los, er holt tief Luft, drei – zwei – eins – Start! A-a-a-a-!!!

«Einen Augenblick. Wenn du jetzt nicht gleich den Mund hältst...»

«A-a-a-a-a-!!!»

Weder Aljona noch Andrej haben sich so etwas erlaubt, als sie klein waren, aber der Junge hat schließlich eine Enzephalopathie, bestimmt hat ihn seine Mutter als Baby vom Tisch fallen lassen, obwohl ich sie extra ermahnt hatte, und seine Nerven sind angegriffen wie bei einem hysterischen Weib.

Im Hörer ertönt eine freundliche provinzielle Stimme, die mich davon in Kenntnis setzt, daß meine

Mutter Serafima Georgijewna aus dem Krankenhaus in eine psychiatrische Anstalt übergeführt wird.

Aus. Alles aus. Alles das, woran ich nicht zu denken gewagt hatte, ist eingetroffen. Dabei weiß die Stationsärztin doch, sie weiß, daß in unserer Wohnung kein Platz für meine Mutter ist und wovon ich lebe.

«Verzeihen Sie, Kindchen, wie darf ich Sie nennen?»

«Überhaupt nicht. Na gut, Walja.»

«Waljetschka, Mädchen, wieso denn das? Was ist denn passiert? Benimmt sie sich schlecht? Wo ist denn Desa Abramowna?»

«Desa Abramowna hat Urlaub, wir haben alle ab Ersten Urlaub... Hier wird renoviert, alle Kranken kommen woandershin, manche sogar nach Hause, wenn's geht. Die, die niemand mehr haben oder die keiner mehr will, kommen in die Anstalt. Manche kommen in ein anderes Krankenhaus. Aber Ihre... Ihre Tante... oder Mama...»

«Ist doch unwichtig, ob Tante oder Mutter, sie ist ein lebendiger Mensch...»

«Ihr Muttchen nehmen sie im Krankenhaus nicht.»

«Wieso nicht, Waljuscha? Wieso denn das?»

«Sie behalten sie nicht.»

«Kann ich nicht vorbeikommen und alles besprechen? Wer ist denn da? Junge, so warte doch, ich kann jetzt nicht.» Aber er nimmt Anlauf und schlägt mir mit beiden Fäusten in die Nieren. «O Gott, wofür? Hallo, Waljetschka!»

«Im übrigen entscheiden Sie selbst. Die Papiere für die Anstalt sind bereits ausgestellt. Machen Sie sich keine Sorgen, Sie brauchen nicht zu kommen, wir haben schon alle Formalitäten erledigt. Morgen wird sie weggebracht.»

«So... Leise, Junge», er entwindet sich meiner Faust, mit der ich ihn am Hemd festhalte. «Warum denn so überstürzt?»

Dabei denke ich fieberhaft nach, was zu tun ist. Also, sie wird überführt, ihre Rente bekommt der Staat. Anstaltsinsassen kriegen keine. Dann sind wir vollkommen angeschmiert. Total. Und ausgerechnet in zwei Tagen ist Rentenauszahlung, ob ich die noch kriege? Vielleicht nicht mehr. Ach, so ein Unglück! Du lebst schlecht, aber irgendwie kommt alles gerade noch so hin, bis zum nächsten Schlag, da zeigt sich, daß das Leben davor ein ruhiger Hafen war. Oje, oje. Die sterben dort wie die Fliegen, in diesen psychiatrischen Anstalten.

«Was heißt hier überstürzt, von wegen überstürzt», ertönt plötzlich die Stimme dieser Walja, «Sie sind doch rechtzeitig informiert worden. Machen Sie sich keine Sorgen!»

«Erstens hat mich niemand informiert. In welche Anstalt soll sie denn überhaupt, wo liegt sie?»

«Machen Sie sich keine Sorgen. Außerhalb der Stadt. Wir bringen sie hin, sie wird dort aufgenommen.»

«Da kann ich jetzt immer zwei Stunden rausfahren, vielen Dank!»

«Wo denken Sie hin, das ist noch weiter. Wozu wollen Sie auch rausfahren?» antwortet Walja. «Die kriegen dort alles, was sie brauchen. Also, ich habe Sie informiert. Ach ja, wir brauchen noch Ihre Unterschrift, aber das geht auch später.»

«Was für eine Unterschrift?»

«Na, daß Sie einverstanden sind.»

«Ich bin nicht einverstanden, was denken Sie sich!»

«Wollen Sie sie denn nach Hause nehmen?»

«Keine Unterschrift», sage ich in Rage, «Sie kriegen keine einzige Unterschrift. Das wird ja immer schöner!»

Ich knalle den Hörer auf.

Wie immer folgte nun das Theater mit dem Anziehen: Der Kleine will nicht in die Filzstiefel, er weigert sich, die wunderschöne Fellmütze von Andrjuscha aufzusetzen, er will die dünne gestrickte.

Aber es ist kalt! Warum ärgerst du mich, willst du, daß ich wieder an deinem Bettchen sitzen und zusehen muß, wie du hustest? Ich flehe dich an usw. Trotzdem fährt er in der dünnen Mütze los, aber dafür mit Filzstiefeln, schön, kühler Kopf und warme Beine, die alte Volksweisheit. Halb so schlimm, bis zur Metro sind's, wenn wir schnell gehen, sieben Minuten, und in der Metro selbst ist es warm, doch dann sind's immerhin noch drei Haltestellen mit dem Bus. Die Fahrkarten kosten mich einen Haufen Geld, aber dort werden wir mit dem Auto abgeholt. Mit einem grünen zugigen Jeep, wie sich herausstellt. Besser als nichts. Mit uns fährt eine unbekannte Dame in einem Wildledermantel, der am hinteren Ärmel aufgerissen ist, und mit einer selbstgenähten Fuchsschwanzmütze auf dem Kopf.

«Ihr Ärmel ist hinten aufgerissen...»

«Oje! Das nähe ich wieder...»

Die tut vornehm. Später bekam sie aber auch nur drei Kopeken für den Auftritt, den niedrigsten Honorarsatz, wie ich.

«Was machen Sie? Ich bin Poet», sage ich, um ihr Fachgebiet herauszukriegen.

«Ich bin Volkserzählerin», sagt der Fuchsschwanz, «das nennt sich so.»

«Verzeihen Sie, was?»

«Volkserzählerin, ich erzähle Märchen und führe Puppen vor.»

«Puppen?»

«Oh, ganz einfach! Ich mache ausgefallene Puppen, aus Kartoffeln, aus Schwämmen, verstehen Sie? Ihr Mädchen kann ja auch zusehen.»

Aha, die kann noch nicht mal einen Jungen von einem Mädchen unterscheiden. Timas Locken führen allerdings alle in die Irre. Mein Mädchen starrt mit geschwollenen Äuglein aus dem Fenster und hat die Mütze abgenommen, bei der Kälte!

«Und ich bin Poet», sage ich. «Setz die Mütze auf, los. Wissen Sie, das ist lustig, ich bin Fast-Namensvetterin eines großen Poeten. Sonst fahren wir nicht weiter, ich sage dem Chauffeur, daß er sofort anhalten soll, und wir steigen aus, setz die Mütze auf.»

«Von welchem denn», fragt die Volkserzählerin verdutzt.

«Raten Sie. Ich heiße Anna Andrianowna. Es ist wie ein Fingerzeig Gottes.»

«Oh, diese Mystik! Mein Name auch, wissen Sie... ich heiße Xenija.»

«Und wo ist da die Mystik?»

«Xenija – die Fremde. Die allen fremd ist.»

«Da haben Ihre Eltern Ihnen ja was Schönes eingebrockt...»

«Ach was.»

Schweigen. Mein Magen knurrt, meine Seele auch, wie es bei anderen ist, weiß ich nicht, aber bei mir befindet sich die Seele über dem Magen zwischen den Rippen. In meiner Seele brennt ununterbrochen ein rotes Lämpchen, das Signal für Gefahr. Ich habe nichts gegessen, durch den Anruf aus dem Krankenhaus blieb mir keine Sekunde, ich habe versucht, einen Psychiater zu finden, den ich von früher kenne, aber eine Frauenstimme sagte mir am Telefon sehr bitter: «Der wohnt nicht mehr hier.» Also waren sie mit Zeter und Mordio auseinandergegangen, und nach der neuen Telefonnummer zu fragen war sinnlos. Timotschka gab ich zu essen, Zuckerbrot und kalten Tee, das mag er, er bekleckerte sich von oben bis unten und schmatzte wie ein Ferkelchen. Das heißt bei uns «Küchlein» und ist gewürzt mit bitteren Tränen. Timoscha ist, wie ich sehe, auch hungrig, aber bevor es Essen gibt, müssen wir uns erst im Jeep durchrütteln lassen, wo es kalt ist und nach öligen Säcken stinkt, ein bitteres, eisiges Los. Meine Mutter bleibt heute noch im Krankenhaus (ich habe noch einmal dort angerufen, eine Waljetschka konnte man mir nicht ans Telefon holen, so eine arbeite dort nicht, auch wieder Mystik), Mama geht's dort gut, sie ißt (das kenne ich, ich weiß, wie sie ißt, sie schiebt gierig ihre lappigen, welken Lippen vor), schmatzt mit ihrem zahnlosen Mund, die Augen matt, ohne Glanz, die Pupillen dunkel, als seien sie in die Augäpfel hineingedrückt. Ein kleiner, trüber, runder Stempel.

Wie sie das letztemal im Bett lag, die Schultern nur noch Knochen, eine Träne rollte ihr aus dem Auge und machte kaum die Schläfe naß. Wo soll man mit so jemand hin? Laßt sie doch wenigstens in ihrem Bett sterben, ihr Schurken! Aber nein. Die Rache für all unsere Untaten trifft uns am Ende unserer Tage, wenn wir jämmerliche Krüppel sind, Rache an wem? Doch vor dem Ende werden wir ihr ausgeliefert. Merkwürdig, wer war bloß diese Walja? Woher kam der Anruf? Oder sind sie im Krankenhaus zu faul, jemand ans Telefon zu holen? Dreimal habe ich angerufen, zweimal sagte man mir «gleich», und ich wartete und wartete, bis ich den Hörer verzweifelt auflegte.

«Kinder sind die besten Zuhörer», sagt diese Xenija.

«O ja», stimme ich zu.

«Kommt man an – ein einziges Geschrei und Gezeter, aber wenn die Vorstellung...», kreischt sie, der Jeep rattert durch die Schlaglöcher, der Motor heult.

Ob mich etwa Andrejs Frau zum Narren halten wollte? Und eine Freundin engagiert hat? Nein! Alles hat sich bestätigt. Morgen wird Mama entlassen, morgen.

«...der Volksmärchen beginnt...», beendet Xenija ihren Satz.

«Verzeihen Sie, wie ist Ihr Vatersname?»

«Nennen Sie mich einfach Xenija.»

«Das ist mir aber unangenehm, sind Sie schon lange in Rente?»

«Ich? Ich bin noch nicht in Rente», antwortet die Vaterlose, dabei ist sie sicher schon Kandidat für die Großmutterschaft.

«Aber ich bin schon in Rente»[1], sage ich. «Wenn jetzt mein Gedichtband erscheint, wird die Rente neu

1 Sowjetische Frauen gehen mit 55 Jahren in Rente, *Anm. d. Übers.*

berechnet, dann kriege ich mehr. Bis dahin müssen Tima und ich sehen, wie wir zurechtkommen, und meine Mutter wird jetzt aus dem Krankenhaus entlassen, meine Tochter lebt nur von Alimenten, weil sie mit ihren Kindern zu Hause sitzt, und mein Sohn ist Invalide.» (Ich zähle alles auf, wie ein Bettler auf dem Bahnhof.)

«Und ich», sagt die ohne Vatersnamen, die mit uns zusammen durch die Schlaglöcher hüpft, «ich habe ein Auto gewonnen. Ich lerne jetzt Auto fahren.»

«Ja, es gibt Leute, die kaufen Lotterielose und behaupten dann, sie hätten gewonnen, ich kenne Fälle, wo die Fahrerlaubnis wieder weggenommen wurde.»

«Wir haben einen Sohn!» sagt die, die sich nicht an ihren Vater erinnert, und ihre Wangen zittern von der schnellen Fahrt. «Der muß in die Musikschule gefahren werden, da kam das Auto wie gerufen! Mein Mann setzt sich aus Prinzip nicht ans Steuer, weil meine Mutter das Lotterielos gekauft hat.»

«Alles klar, Sie haben spät geboren», sage ich, «aber macht nichts. Bis Sie achtzig sind, ist Ihr Sohn aus dem Gröbsten raus.»

«Mama», sagt Tima, er nennt mich mal Mama, mal Oma, «Mama, ich habe Hunger!»

«Möchte Ihr Töchterchen, das ist doch Ihr Töchterchen? möchte es eine Praline?» gibt die von sich, die allen fremd ist.

Er verschlingt die Praline wie ein Hund! Ham! Gibt's vielleicht noch was?

«Sag danke schön und setz deine Mütze auf, dann gibt die Tante dir bestimmt noch eine», sage ich.

Tima sieht mich skeptisch an.

«Warum hast du die Mütze abgesetzt», sage ich, «wenn du krank wirst... ich muß doch Großmutter aus dem Krankenhaus holen... Morgen – «hopp!, wir hüpfen durch ein Schlagloch – «hole ich Großmutter aus dem Krankenhaus...» Um seiner Frage, «welche Großmutter denn», zuvorzukommen: «Du weißt doch, Großmutter Sima. Großmutter Sima schimpft, wenn du die Mütze nicht aufsetzt! Hu-hu! Setz schnell die Mütze auf. Dann gibt die Tante dir noch eine Praline.»

Die Tante brummelt: «Jaja, ich habe immer welche bei mir... wegen meines Magengeschwürs... Meine Mutter versorgt uns mit ausländischen Pralinen, sie überschüttet uns damit...»

Dann gib dem Kind doch was ab!

«Na», sage ich, «eins-zwei-drei, die Mütze auf!» und werfe ihm die Mütze auf den Kopf. Wir sehen uns vielsagend an, Tima und ich. Die Tante schweigt.

«Wenn wir ankommen, trinken wir erst mal Tee. Die Pioniere kriegen gerade Vesper.»

Es ist bereits dunkel, gelbe Laternen, berauschende Luft, feiner Schnee.

«Ich weiß nicht», sage ich, «ich muß mich noch auf den Auftritt vorbereiten.»

Die vaterlose Xenija widerspricht: «Ich bitte Sie! Das schaffen wir allemal! Unbedingt brauchen wir heißen Tee, wir müssen doch reden! Heißen Tee für die Stimme!»

Wir sitzen in einem riesigen Speisesaal, ich trinke Tee mit Karamel und mache zweimal einen Anschlag auf die Riesenbrote, die Kinder kriegen hier dicke Brotscheiben von einem riesigen runden Laib abgeschnitten, Brot liebe ich unbändig, unbändig liebe ich Brot.

Die Nase tropft, in meiner Aktentasche mit den Manuskripten ist ein frisches Taschentuch, doch wie komme ich da ran, ich schneuze in ein Stück Papier, hier wird Papier anstelle von Servietten benutzt. Draußen trampeln die Pioniere, sie werden in den Zuschauersaal geführt, Xenija und ich rennen zur Toilette, sie schlägt ihren Rock hoch und zieht ihre wollenen Pantalons aus, jetzt hat sie nur noch wollene Strumpfhosen an, die den dicken Wanst und den fetten Schoß eng umspannen. Schrecklich, wie wenig bewußt uns doch unsere eigene Häßlichkeit ist, wie oft wir anderen unseren gefährlichen Anblick zumuten, besinnt euch, Menschen! Seht aus wie Insekten, und verlangt Liebe! Bestimmt geht Xenijas Mann vor lauter Entsetzen fremd, wenn er sie und die Schwiegermutter sieht, was soll auch schön sein an alten Leuten? Alles hängt runter und schwabbelt, überall Fettwülste, Elefantenhaut und Sehnen wie bei einer Seilbahn. Aber das ist noch nicht Alter, sondern verloschene Süße, schimmliger Quark von vorgestern, schales Bier, wie ich in meiner Jugend mal schrieb, als mich der Anblick eines Dekolletés entsetzte. So eine Xenija (und auch mich) würde man im Orient in drei Lagen einwickeln, von Kopf bis Fuß, und die Fußsohlen mit Henna einreiben!

Ich rezitierte meine Gedichte, die Kinder waren still, wie immer trat ich gemeinsam mit Timofej auf, er saß auf der Bühne neben mir am Tisch und goß sich aus der Karaffe Wasser ins Glas, daß es klirrte und gluckste, trank dieses unabgekochte, kalte und vergiftete Wasser und goß den Rest zurück, sei's drum. Die Pionierleiter, die wie Aufseher aus dem Gulag hinter ihren Pionieren standen, guckten schon mißtrauisch und böse. Aber wie immer trug die Kunst den Sieg davon, ich unterbrach den stürmischen Applaus und ging mit Timoscha in Erwartung eines Abendbrots hinter die Bühne. Ich wollte ihn in den Saal zu den Kindern schicken, damit er Xenija zusehen konnte, aber er wehrte sich mit Händen und Füßen, er erlaubte seiner Oma nicht, einen einzigen ruhigen Gedanken zu fassen. Nicht daran zu denken. Im Staub der Bühne und im Dunkel der Kulissen kletterte er mir eifersüchtig und entschlossen auf den Schoß und sah von dort aus auf den Rücken der Volkserzählerin, die wirklich zweimal in eine Kartoffel bohrte – die Augen –, sie dann auf eine Gabel spießte, Bast darumhängte und mit dieser Puppe ein sehr hübsches, originelles Märchen vorführte, das hätte ich nicht erwartet. Ach, meine Freunde, auch in einem alten Körper leuchtet das Feuer des Geistes! Man nehme nur das Beispiel meiner großen Fast-Namensvetterin.

Nach dem Märchen tafelten wir an einem Extratisch, die Kinder belagerten uns, um sich die Puppen der Volkserzählerin anzugucken, und ich steckte mir Vorrat in die Tasche zu den Manuskripten, drei riesige Klappstullen mit Butter, dazu Karamelbonbons: Das wird ein Festessen, wenn wir zu Hause sind. Und bei der Volkssängerin erschmeichelte ich mir die große, eindeutig vom Markt stammende Qualitätskartoffel mit den zwei Bohrlöchern, angeblich um Tima zu Hause das Märchen noch mal vorzuspielen!

Nach Hause, nach Hause. Ein freudloser Morgen wird anbrechen, nach einer schlaflosen Nacht, in der ich alle Varianten hin- und hergewälzt haben werde: Die Rente – schön und gut, aber der Gestank! Der Gestank! Wie in einem Affenkäfig. Mama macht schon lange unter sich, bei diesen alten Frauen im Krankensaal riecht es zum Erbarmen, wie sie sich vor Fremden schämen, die Bettdecke bis zum Kinn hochziehen, und bis zum Kinn sind sie auch voll, in meiner Gegenwart riß die Schwester einmal mit herzlichem Gezeter der alten Krasnowa, Mamas Nachbarin, die sich in der Wärme ihres Bettes verkrochen hatte, die Decke runter und schrie: Verdammter Mist, bis zum Hals! Die Augen meiner Mutter funkelten, im dunklen Wasser des weißen Augapfels leuchtete bescheidener Triumph. Ach, wie gut kannte ich diesen Triumph! Wie oft hatte ich ihn erlebt, besonders wenn sie mich angeblich vor meinem Mann in Schutz nahm, es passiert ja alles mögliche unter so engen Verhältnissen, aber wehe, vor Mamas Augen oder in ihrer Hörweite! Der Triumph von einer, die immer recht hatte. Unter der Losung «Ich hab's dir ja gesagt» triumphierte ihre Vernunft über meine Dummheit.

Ich glaube sogar, daß sie die wenigen guten Taten, die sie zuwege brachte, jemandem zum Trotz getan hat, zum Beispiel mir! Oft sind gute Taten nichts als das Ergebnis einer Trotzhandlung, und ich glaube, auch der Kleine wird einmal aus reiner Opposition zu mir gut zu seiner Mutter sein – oder vielleicht auch nicht, oje, das ist noch die Frage.

Wir sind gesättigt, es gab Nudeln mit Fleisch, drei Glas süßen Tee, drei Brote mit Butter – gut geht's den Kindern in unserem Land. Timoscha ging auch mal in den Kindergarten, das waren Zeiten! Er aß auch dort. Ich konnte ausschlafen, mein Zeugs schreiben, in die Bibliothek gehen, in die Redaktion, einmal nähte ich mir sogar einen Rock aus einem ganz passablen Stoff. Goldene Zeiten! Aber Timoscha war ständig krank. Für jede Woche Freiheit (meiner) bezahlte er mit zwei Monaten Husten, ganz kläglich, mit blassen, durchsichtigen Wangen saß er zu Hause und quälte mich und sich. Was stellen sie dort bloß mit den Kindern an, daß sie so böse und aggressiv nach Hause kommen und krank werden? Oder sind es die Kinder, die sich schikanieren? Wir gingen nicht mehr in den Kindergarten und verloren unseren Platz, bei uns gibt es Wartelisten.

Die ganze Nacht wälzte ich mich auf meinem Diwan, auf meinem durchgelegenen Bett mit der «Kuhle», wie Timotschka sagt, die ganze Nacht überlegte ich und konnte mich nicht entscheiden, ich weinte nicht, aber ich marterte mich wie auf einem glühenden Rost, ich schaute aus dem Fenster und erschrak: Etwas Weißes klebte hinter dem Fensterglas! Dieses Weiße war bereits der trübe Morgen. Der Morgen der Strelitzenhinrichtung [1], der Morgen, an dem sich das Blatt zum Bösen wenden sollte, der Morgen der Abrechnung. Was wäre gewesen, wenn Mama bei mir gewohnt, wenn ich diese Hölle ertragen hätte, dieses ewige Geschimpfe und die Beleidigungen, dieses ewige Inschutznehmen der Kinder vor mir – an ihre Halluzinationen von Krankenwagen und Milizionären hatten wir uns damals sehr bald gewöhnt, wir hatten sogar versucht, wir Idioten, sie zur Vernunft zu bringen, und stritten mit ihr darüber, daß der Bulle dort unten doch bloß vor

1 Gemälde von Ilja Repin, *Anm. d. Übers.*

dem Lebensmittelgeschäft seinen Dienst tue (das wollte ihr Andrej mit Schaum vor dem Mund beweisen, als er verärgert vom Untersuchungsrichter kam und Großmutter aus dem Fenster sah und mit einem schiefen Lächeln verkündete, «da ist schon wieder ein Milizionär!» – «Als ob die Bullen sich gerade für dich interessieren!»), und ich sagte ihr, der Krankenwagen kommt gar nicht zu dir, nicht zu dir, guck, er hat gewendet, wer interessiert sich schon für dich. Aber dann kam der Krankenwagen sie doch holen.

Das geschah folgendermaßen: Aljona heulte bei jedem Anlaß bis zur Erschöpfung, dann wurde sie dick und aß gierig, womit sie Andrej zur Weißglut brachte. Er paßte schon von Kindheit an genau auf, wer bei Tisch wieviel Süßes aß, und ertappte Aljona heimlich am Tatort, manchmal auch mich und Großmutter. Bei ihm mußte alles gerecht aufgeteilt werden, und manchmal legte er wie ein Sadist die Süßigkeiten, die er sich aufgehoben hatte, an eine sichtbare Stelle, um die kleine Aljona zu quälen, Tatsache! So was kam vor! Bei uns in der Familie war ständig etwas nicht in Ordnung wegen des Essens, daran war die Armut schuld, ständig wurden irgendwelche Rechnungen beglichen, Vorwürfe erhoben, Großmutter hielt meinem Mann vor, daß er «den Kindern alles wegesse» usw. So etwas habe ich nie gemacht, höchstens, wenn mich Sascha zur Weißglut brachte, das war wirklich ein Schmarotzer, ein Blutsauger und Vertilger des Essens seiner Kinder, doch das waren bei mir schon die Folgen des Schocks, den ich erlitten habe, als ich unter Wehklagen das ganze Unglück erfuhr, ich hatte Aljonas Freundin angerufen, um sie zu bitten, sie möge doch mal mit Aljona reden, daß man seine Mutter nicht so anfahren und wochenlang nicht zur Uni gehen könne. Selbst die Psychiater sagten, daß solch ein Benehmen nicht normal sei. Vielleicht sollte Aljona mal ins Nervensanatorium, fragte ich die Freundin laut am Telefon, doch Veronika meinte, das würde bei Aljona nicht helfen. Ich hatte diese Veronika mit Absicht gewählt, die brave Komsomolzin, die von Aljona nach der Geschichte im Ernteeinsatz «saure Gurke» genannt wurde, und diese saure, giftige Veronika meinte nach einer langen Pause, daß es Aljona in etwa fünf Monaten bessergehen und sie endlich begreifen würde, wie sie sich in Zukunft Jungs gegenüber zu verhalten habe (wenn ich damals gewußt hätte, was sie meinte, siehe Tagebuch), «die Verhandlung der persönlichen Angelegenheit» sei bereits in Vorbereitung, doch sie selbst wolle sich nicht in diese schmutzige Geschichte einmischen, ein Glück, daß nicht sie mit Sascha in die Scheune gegangen sei, sondern Aljona, es gibt schließlich noch Menschen, die ihren Stolz haben und ihr Glück nicht durch eine Scheunenaffäre erringen wollen, dieser Sascha habe es ja mit jeder versucht, es sei widerlich gewesen, sie selbst habe sich nie jemandem an den Hals geworfen, für sie bedeute männliche Schönheit etwas ganz anderes, nicht ein hübsches Gesicht, sondern ganz was anderes!

Woraus ich sogleich die richtige Schlußfolgerung zog, und Veronika wurde meine wichtigste Freundin für den nächsten Monat, als Andrej, wenn er von den Verhören heimkam, sich gleich mit dem Gesicht zur Wand aufs Bett legte und Großmutter unbeweglich in ihrem Zimmer saß und die Fenster verhängte, fast nichts aß, schwächer wurde, und einmal, als ich ihr etwas zu essen brachte, schielte sie mich mit blutunterlaufenen Augen an, die Adern waren geplatzt, sie rollte die Augen wie ein Neger. Was sie noch wußte, was sie verstand ist schwer zu sagen, alles ging im stillen vor sich, denn in diesen Tagen bewegten wir uns tatsächlich so leise wie die Mäuschen, Andrej verschwand geräuschlos im Rachen der «Grünen Minna», ich machte mich geräuschlos davon, wenn ich zwischen Untersuchungsrichter, Rechtsanwalt und den Treffen mit Veronika hin und her hetzte, und auch Aljona, jetzt alleine in ihrem Zimmer, weinte leise vor sich hin.

Das Ganze lief jedoch darauf hinaus, daß Veronika und ich keinerlei «Verhandlung der persönlichen Angelegenheit» zuließen, sie rannte mit heißen Wangen ins Dekanat, um sich für Sascha, und zu Sascha, um sich für Aljona einzusetzen, er sollte sie vorübergehend heiraten, wenigstens vorübergehend, das reichte mir schon, dieser Mensch konnte mir gestohlen bleiben, wie ich schon dargelegt habe, außerdem war Veronika Sascha in diesem Monat nähergekommen, sie führte Gespräche mit ihm, hatte, wie ich sah, Zugang zu ihm, dem unerreichbaren heimlichen Idol aller Mädchen aus dem Studienjahr, dem ewig Schweigsamen, dessen Augenbrauen, das muß ich objektiv zugeben, aussahen wie die einer türkischen Prinzessin, wie die Flügel einer Schwalbe, dafür waren seine Lippen allerdings ewig aufgesprungen, pfui! Aller Haß der Schwiegermütter, er ist nichts weiter als Eifersucht, auch meine Mutter wollte ständiges Liebesobjekt ihrer Tochter sein, das heißt meines, allein sie sollte ich lieben, allein sie sollte das Objekt meiner Liebe und meines Vertrauens sein, eine ganze Familie wollte sie mir ersetzen, alles, ich kenne solche Weiberhaushalte: Mutter, Tochter und Kind, eine vollwertige Familie! Ein einziger Graus. Die Tochter verdient wie der Mann das Geld, ernährt sie, die Mutter sitzt wie die Ehefrau daheim und macht der Tochter Vorwürfe, daß sie nicht rechtzeitig nach Hause kommt, dem Kind nicht genug Beachtung schenkt, das Geld nicht zusammenhält usw., aber gleichzeitig ist die Mutter auf alle Freundinnen der Tochter eifersüchtig, von den Männern ganz zu schweigen, das sind ihre ärgsten Rivalen, und das Ergebnis von alledem ist ein einziges Chaos, aber was hilft's? Bevor das Entsetzliche mit ihr passierte, hat meine Mutter exakt auf diese Weise meinen armen Mann aus dem Haus geekelt, und wenn sie gutgelaunt war, sagte sie immer: Wer ist das Familienoberhaupt? (Hinterlistig:) Nun sagt schon, wer ist das Familienoberhaupt? (Und hatte natürlich sich selbst im Sinn.)

Ich benutzte die von törichter Hoffnung übergeschnappte Veronika wie einen Bauern im Schachspiel, vor mir flimmerte bereits das Schreckensbild vom Einzug eines neuen Mannes in unser verwaistes Haus, und das ausgerechnet zu dem Zeitpunkt, als endlich, ich wiederhole, endlich ein Hoffnungsstreifen am Horizont erschien. Aljona ging auf wie ein Hefekuchen, sie ließ sich völlig gehen, glaubte an nichts mehr und bereitete sich darauf vor zu sterben, was ich gut verstehen konnte.

Und dann fand ich plötzlich, als ich nach Hause kam, die Tür zu Großmutters Zimmer von innen verbarrikadiert, mit Müh und Not konnte ich sie einen Spalt öffnen, Großmutter hatte den Schreibtisch vor die Tür geschoben. Wieso hat sie den Schreibtisch verrückt, wieso hat sie sich verbarrikadiert? Wozu mußt du den Schreibtisch unter die Lampe schieben, kannst du mir das sagen?! Ich drang in ihr Zimmer ein, sie saß kraftlos auf dem Diwan, der jetzt mir gehört. Aufhängen wolltest du dich? Was?! Als die Sanitäter kamen, sah sie mich schweigend an, wie ein gehetztes Tier, die Augen durch die Tränen aufs Dreifache vergrößert, sie riß den Kopf hoch und ging, sie ging für immer. Am Abend veranstaltete ich ein furchtbares Geschrei, ich schrie einfach drauflos, ich jaulte wie ein Hund und konnte nicht mehr aufhören, Aljona kam mit Tabletten an und gab mir zwei davon, ich riß ihr die ganze Schachtel aus den Fingern, mir war klar, wozu sie diese Tabletten brauchte, ich tat so, als wollte ich sie für mich, und bat sie um Wasser, und während sie das Wasser holen ging, versteckte ich die Schachtel im Kopfkissenbezug, ohne mit dem Heulen aufzuhören. Laß dein hysterisches Geschrei, sagte meine Tochter zu mir, doch was hätte ich ihr sagen sollen? Daß ich im Krankenhaus gewesen bin, daß die Fenster dort alle vergittert sind? Daß dies das Ende unseres Lebens ist? Daß Andrej in einem ebensolchen Loch mit Gitterfenstern sitzt? Daß ich eine Verbrecherin bin? Wer, wer gibt seine Mutter in die Irrenanstalt? Ich, o Gott. Die Ärzte hatten mich beruhigt, es bestehe große Gefahr, sie müsse behandelt werden, diese Schizophrenie sei schon lange da, sie nannten mir ein Datum, sie habe ihnen selbst erzählt, seit wann sie von KGB-Agenten verfolgt würde, ich sagte, die Gefäße in ihren Augen seien geplatzt, und sie meinten, so was gebe es. Blutunterlaufene Augen. Das kriegen wir wieder hin, sagten sie, doch ihr Leben sei in Gefahr.

Der weiße, trübe Morgen der Hinrichtung brach an.

Ich konnte meine Mutter nicht nach Hause holen, ich hatte kein Recht dazu, Tima sollte das nicht erleben: diesen Affengestank, dieses Geschrei und Geschimpfe, Urin und Kot, das macht keine Rente wieder wett, zumal eine so kleine, sie würde aufstehen, Wasser aufsetzen und das ganze Haus in Brand stekken. Es geht nicht, Herrgott. Timoscha kam zu mir, ich lächelte ihn an wie immer (mit einem Lächeln begrüße deinen Tag) und versprach ihm zum Frühstück Brot mit Butter, das von gestern, und Tee mit Konfekt (hat es dir gestern gefallen?), und ein Haus mit Fenstern wolle ich ihm basteln, nur Leim müßten wir uns irgendwoher besorgen. Mein Kopf schmerzte, ich wärmte den Tee auf und dachte, es ist durchaus möglich, daß ich jetzt vergesse, das Gas abzudrehen, und das ganze Haus in Brand setzen würde, so etwas könnte mir jeden Moment passieren, ich wunderte mich sowieso schon, daß ich mich nicht schon längst verlaufen und Geld und Schlüssel irgendwo liegengelassen hatte, daß ich überhaupt noch in der Lage war, die Briefe an die Redaktion zu beantworten, es sollte niemand etwas merken! Niemand! Und wenn es doch passiert, wenn ich für immer gehen muß, wer rettet dann Timoscha? Wer wird ihn retten? In einem Haushalt müssen immer mehrere leben, aber woher nehmen, woher?

In diesem Augenblick gab der Himmel ein Donnerzeichen: Es klingelte an der Tür. Christus erscheint dem Volk.[1] Wer könnte das sein? Wieder irgendwelche

1 Gemälde von Alexander Iwanow, *Anm. d. Übers.*

von Andrejs Freunden in Anführungsstrichen? Ich habe gezahlt, ich habe bereits alles bezahlt, ihr Mistkerle, ihr verdammten Hunde! Gut, ich gehe fragen, wer da ist. Mit klopfendem Herzen stehe ich an der Tür. Der Kleine will aufmachen – er öffnet allen! Stets!

«Ich bin's, ich.» (Gereizt)

«Wer ist ich?»

«Ich, Aljona», antwortet sie und murmelt noch etwas Unverständliches.

Heute ist doch nicht Alimentenauszahlung! Ist die übergeschnappt?

«Was willst du?» frage ich im Halbdunkel des Korridors.

«Mama! Mama ist da», freut sich Timoscha aus mir nicht erfindlichen Gründen. «Bist du's, Mama?»

«Ich, ich», murmelt Aljona müde und gereizt durch die geschlossene Tür. «Mach auf, mein Kleiner.»

Mein Kleiner!

Ich lege die Kette vor und schließe die Tür auf, um mich zu vergewissern.

«Mama. Was ist denn los?» fragt mich ein kleines, fülliges Weib mit gespielter Verwunderung. Tatsächlich: große Augen, ein Kind auf dem Arm, das zweite (die Kleine ist ja nun schon die zweite in ihrer kinderreichen Familie) klammert sich an ihren Rockzipfel. Meine Tochter hat irgendeine fremde Kutte an, die ihr viel zu klein ist und bestimmt vom Müll stammt.

«Mach schon auf», sagt sie zu mir. Neben ihr steht der Kinderwagen, immer noch der alte, ein Bündel und ein Koffer. Wie hat sie das bloß alles die Treppen hochgeschleppt?

«Wir haben kein Geld, um euch hier aufzunehmen! Wir haben nichts!!!»

Ich will die Tür zuschlagen.

Der Kleine kämpft mit mir. Seine Mutter hat draußen den Schlüssel gezückt und steckt ihn ins Schloß. Der paßt schon lange nicht mehr! Außerdem ist die Kette vorgelegt!

Aljona redet durch den Spalt mit dem keuchenden Timoscha:

«Timotschka, hör auf, laß sein, die klemmt dich noch ein!»

«Timotschka, komm, wir machen die Tür zu», sage ich zärtlich.

«Nein! Nein!» schreit er.

«Timotschka», sagt sie, «laß sie... sie ist doch krank! Verstehst du nicht? Sie klemmt dich noch ein, mein Kleiner, sie ist verrückt! Laß, geh von der Tür weg.»

«Ja, geh weg!» (Ich)

«Nein!!!»

«Geh weg, Kind!»

Ich winkte ab, ging in mein Zimmer und schloß mich ein, die beiden fummelten an der Wohnungstür herum, Timoscha rannte hin und her, ich hörte es piepsen, und noch ein anderes dünnes Stimmchen, das so deutlich wie ein Papagei sagte: «Alja? Alja? Ulja?» Ihre Mutter gurrte, dann gingen alle an meinem Zimmer vorbei in die Küche, darauf ins Bad, in Sekundenschnelle hatte sie sich verbündet, diese Familie! Tima hatte sie gerettet, er hatte ihnen die Tür geöffnet, jetzt war er glücklich und gehörte zu ihnen, zu ihrer Familie! Mutter mit drei Kindern. Dafür also habe ich mich abgerackert, dafür war ich schlaflos, habe gehungert, ihn gepflegt und gehegt: damit er mich im Handumdrehen verriet und zum Teufel jagte. Alja, Alja, Alja, Ulja... Im Handumdrehen hat das Leben jeden Sinn für mich verloren. Ach, du kleines Luder. Hast deine Rolle gut gespielt. Alles deiner Mutter zuliebe, um ihr Ergebenheit zu zeigen! Ein kleiner Kampf an der Tür – und alles ist geritzt! Ach, du Verräter, seidenweiche Locken, seidenweiche Beinchen! So ist es eben, der Wolf rennt immer zu seiner Mutter in den Wald zurück! Wie viele solcher Kuckucksmütter habe ich erlebt, und wie werden sie von ihren Kindern, die sie von sich stießen, geliebt, in Sekundenschnelle sagen die Kinder sich von denen los, die sie großzogen! Eine flüchtige Bekannte aus meiner Jugendzeit, ich kann mich noch erinnern, sie hieß Irina, hat mir einmal erzählt, sie habe jetzt endlich erfahren, daß ihre Mutter gar nicht ihre Mutter sei, deshalb hätten sie auch so eine schlechte Beziehung zueinander gehabt, jetzt besuche sie das Grab ihrer richtigen Mutter Astachowa, ihre Pflegemutter habe es zum Glück nicht einebnen lassen, die richtige Mutter sei bei der Geburt gestorben, sie sei eine einfache Arbeiterin gewesen und habe im Wohnheim gelebt, ganz allein, ohne Mann und Familie. Für dieses Grab schleppte Irina bergeweise Blumen herbei, für ihre richtige Mutter aber, die sie mit ihrem Blut und Schweiß ernährt hatte – einen Dreck, obwohl sie wußte, daß die Xenofontowa (so nannte sie sie von nun an zum Dank) krank war, im Bett lag und von einem hohen Ministerposten zurücktreten würde. Auch ihren Mann hatte diese Irina Astachowa verlassen, auch er war einer von diesen Xenofontows, aus ihrer Datschennachbarschaft, der Sohn eines ebenfalls sehr hochgestellten Papas, Irina hatte sich mit dem

Grab beraten und den Mann, dieses Ziehkind der Regierungsdatschen, davongejagt und lebte nun allein mit ihrer Tochter, doch dafür in einer eigenen Wohnung. Diese Geschichte hatte in meiner Jugend großen Eindruck auf mich gemacht, ich hoffte, es würde sich herausstellen, daß meine Mutter ebenfalls nicht meine Mutter ist und endlich alles richtiggestellt werde. Dieses Trampeltier von Xenofontowa erweckte in mir nicht das geringste Mitgefühl, allein das Grab der Astachowa, ich stellte mir vielmehr vor, wie die Xenofontowa mit ihrer Männerjacke und dem kurzgeschnittenen Haar vor Aufregung zitterte, als sie sich im Alter entschloß, ihrer Tochter zu erzählen, wer sie wirklich war, was für eine Heldentat sie vollbracht und wieviel Kraft sie dafür investiert hatte. Die Xenofontowa wollte nur das Beste, aber heraus kam das Schlechte, ihr Leben war umsonst, alles für die Katz!

Und nun war ich diejenige, die allein, mit blutunterlaufenen Augen dasaß, jetzt war für mich die Zeit gekommen, auf dem alten Diwan mit der «Kuhle» zu hokken. Meine Tochter wird also hier einziehen, und für meine Mutter wird kein Platz mehr dasein, sie braucht auf gar nichts mehr zu hoffen. Meine Tochter nimmt sich das große Zimmer, Timoscha quartiert sie mit dem Bettchen bei mir ein, so. Und in der Küche wird die Einsamkeit triumphieren, wie ich nachts. Hier ist kein Platz mehr für mich!

Mit völlig trocknen Augen trete ich aus meinem Zimmer.

«Aljona, ich muß mit dir reden. Bist du in der Lage, mir zuzuhören?»

Als sei nichts geschehen: «Warte, Mama.»

Mama! Das ist wie ein Stich ins Herz.

«Du siehst doch, wir packen gerade aus. Gib doch den Großen was zu essen, ja?»

«Sag bloß, du willst hier wohnen?»

«Timoscha! Katja muß was zu essen kriegen. Kannst du ihr was geben? Die Oma gibt euch ja nichts.»

«Kann ich!» entgegnete Timoscha eifrig, er nimmt die dicke Katja an die Hand und führt sie fürsorglich um mich herum in die Küche, als wäre ich ein Laternenpfahl. Das Paar trippelt an mir vorbei, ohne mich zu beachten, nur Katja sagt: «Ulja?»

«Wo wollt ihr hin, da ist alles leer!!! Leer!»

«Mamilein», sagt Timoscha, «wir haben zwei Butterbrote und Konfekt, ich kann Tee kochen.»

«Was? Du wirst dich verbrühen und das Kind dazu», schreie ich entsetzt.

«Aljona, gib auf die Kinder acht, ich gehe weg.»

«Du gehst weg?» fragt sie stumpf.

Sie wollte offensichtlich selbst weg und mir das ganze Rudel überlassen.

«Ich gehe, denn heute hole ich Mutter aus dem Krankenhaus, deine Großmutter», erkläre ich feierlich.

«Großmutter?» wiederholt Aljona bleich und mit erstarrtem Blick. «Warum denn das nun wieder?»

«Warum? Das ist eine Frage!»

«Warum ausgerechnet heute? Mama!» sagt sie schließlich. «Sei nicht albern! Hier sind drei Kinder!»

«Doch, doch. Oder man bringt sie heute sofort in die psychiatrische Anstalt. Für immer.»

«Na und», sagt sie.

«Na und?! Und wer besucht sie dort? Wer bringt ihr

das Essen? Man wird sie dort mit dem Schemel erschlagen und Schluß.»

«Du wirst sie besuchen, du wirst ihr das Essen bringen, so wie du das die ganzen Jahre über gemacht hast. Du bist doch immer zu ihr hin!» sagt Aljona anspielungsvoll. «Oder etwa nicht? Wozu plötzlich diese Panik. Du kriegst doch ihre Rente? Stimmt's? Also wirst du sie besuchen.»

«Das sind ungefähr drei Stunden mit dem Zug.»

«Macht nichts. Zu deiner Mutter wirst du ja wohl fahren. Oder auch nicht. Ihre Rente wirst du doch sicher pünktlich kriegen, oder?»

«Nein. Die in der Anstalt kriegen keine Rente, wo denkst du hin.»

«Ach, so ist das, hättest du ja gleich sagen können, daß es dir ums Geld leid tut und wir deshalb wieder eure Streitereien ertragen sollen. Meine ganze Kindheit war voll von diesem Geschrei, meine besten Jahre. Eine verquere Familie.»

Ich darauf trocknen Auges: «Und damit deine Familie gerade ist, um dir nicht im Wege zu stehen, mußte Großmutter dorthin.»

«Das hab ich schon hundertmal gehört.»

«Um deine Familie zu retten, hab ich sie dir aus dem Weg geräumt. Für Sascha, wie sich herausgestellt hat, damit er seine Ruhe hatte, damit er es mit dir aushielt. Aber er hat's nicht ausgehalten!!! Niemand hält es mit dir aus!!!»

Ihre Augen füllen sich mit Tränen, in ihr steckt doch noch ein Funke Menschlichkeit, entdecke ich mit seltsamer Befriedigung, ein bißchen schämt sie sich ihrer Unmoral doch.

«Mamilein, weine nicht!» Tima steht plötzlich neben ihr.

«Kindchen, wo hast du Katja? Man darf sie nicht allein in der Küche lassen, die kippt im Handumdrehen den Topf über sich.»

Ich sage: «Und noch was. Unser Andrej wird von seiner Frau rausgeschmissen.»

«So-o...»

«Mit allen Konsequenzen. Andrej trinkt doch.»

(Hier hatte ich ziemlich dick aufgetragen. Als Andrej das zweite Mal gegen meine Tür hämmerte und schrie, man wolle ihn umbringen, und ich mich provozieren ließ, die Tür zu öffnen, da standen tatsächlich die drei hinter ihm, und jeder hatte eine Hand in der Hosentasche. Tima hüpfte hinter meinem Rücken herum und brannte vor Neugier. Es stellte sich heraus, daß Andrej diesmal 800 Rubel Schulden hatte. Ich sagte «Verzeihung» und schlug der Begleitmannschaft die Tür vor der Nase zu, ich brüllte, ich riefe sofort die Miliz. Andrej war bleich, und es gelang ihm, mich davon zu überzeugen, daß sie nicht nur ihn, sondern auch Timoscha umbringen würden. Wir gingen alle zusammen zur Sparkasse, und vor ihren Augen hob ich alles ab, was auf dem Sparbuch war, die ganzen unseligen 680 Rubel, Mamas Versicherung. Als Gegenleistung versprach Andrej, mich nie wieder zu belästigen, sich um Arbeit zu kümmern, mit dem Trinken aufzuhören, wegen seiner Ferse ins Krankenhaus zu gehen und sich in der Wohnung seiner Frau anzumelden. Er kniete weinend vor mir nieder.)

«Diese Familie!» seufzt Aljona tief.

«Großmutter kommt ins kleine Zimmer. Ich ziehe in

die Küche auf den Schlafsessel. Wenn Andrej kommt, wird er bei Großmutter im Zimmer wohnen. Er ist ihr Lieblingsenkel.»

«Herrlicher Enkel. Ich war mit den Kindern bei ihm zu Besuch, mitten in der Nacht fing er an, besoffen rumzutoben.»

«Wann?»

«Heute nacht.»

So.

«Nina und er haben Licht gemacht und angefangen, ihre Beziehung zu klären, aber das hat er nur gemacht, damit wir gehen. Schlägst du die Deinen, dann fürchten sich die anderen.»

«Er hat doch hoch und heilig versprochen, nicht mehr zu trinken!»

«Er war die ganze Woche keine einzige Minute trokken, irgendwie ist er an Geld rangekommen, er hält seine Freunde aus. Das ganze Haus ist voll. Na gut, wenigstens dieses Zimmer hier gehört mir! Uns!»

«So. Na gut, Andrej...» Ich schlucke die Tränen runter. «Ein schöner Sohn ist das.»

Mein Entschluß kam absolut unerwartet. Freiheit, Freiheit und nochmals Freiheit! Komisch: Freiheit auf so engem Raum! Aljona wird es auch nicht besonders schwer nehmen. In was für Kellerlöchern muß sie gehaust haben, wenn ihr ein Zimmer von 18 Quadratmetern für vier wie ein Asyl erscheint!

«Ich bitte um politisches Asyl», murmelt sie, sammelt die Sachen vom Boden auf und stellt die Schuhe in eine Reihe. Sie kann meine Gedanken lesen. «Mama! Wenn du wüßtest, wie ich gelebt habe!»

Eine Minute sind wir uns nahe, eine einzige Minute in drei Jahren.

«Hättest keine Kinder kriegen dürfen, hättest sie dir abtreiben lassen sollen.»

«Kolja – abtreiben? Ich bitte dich!!!»

«Herrgott, alle lassen abtreiben, sogar nach der zwölften Woche: gegen Geld», sage ich. «Die treiben ab bis zum Gehtnichtmehr. Gegen Geld!»

«Was für Geld meinst du? Ich bitte dich, was für Geld denn?» murmelt sie.

«Das Geld von *denen*! Hättest deinen Verstand gebrauchen sollen, als du dich unter *die* gelegt hast! Hast unser Geld vorgezogen! Luder!» sage ich zornig und gehe mich für die Fahrt fertigmachen.

Für die Fahrt. Fahre ich nicht, bringt man sie weg. Sie werden immer morgens weggebracht, immer morgens, sie haben ihr schon zwei Krankenhauskittel übergezogen, Gummistiefel, ein Handtuch um den Kopf, es ist kalt, einmal wurde sie in einem solchen Aufzug vom Röntgen zurückgebracht, die Röntgenabteilung war im anderen Haus über den Hof, ich kam, das Bett leer, oh, dieser Schreck, wieso haben sie mich bloß zum leeren Bett geschickt, Schwester Marina hatte mich reingelassen, die Tür zur Station aufgeschlossen, als ich am Glas kratzte, Klopfen verboten, die Kranken werden unruhig, man hatte mich extra informiert, Rebekka Samoilowna arbeitete damals noch im Krankenhaus, Friede ihrer Asche, oh, guten Tag, Marinotschka, das ist für Sie, nicht doch nicht doch, das ist für Sie, was, nicht der Rede wert, 35 Kopeken, ein Kuli, aber auch das ist für mich schon viel, ich habe alle Kioske abgeklappert, überall gab's nur welche für 80, na kommen Sie rein, und zieht mit dem Kuli ab, oh, wie der Kleine geweint hat der Arme er heulte ich will mit dem Kuli malen, er war begeistert weil er neu und rot-blau war, doch jetzt weint er nicht mehr, jetzt gehört er nicht mehr mir, ja, ja, meine Mama steht schon schwankend neben dem Bett!

Sie ziehen ihr einen Kittel über, dann den zweiten, das Handtuch, und die Pflegerin sagt dem Sanitäter vom Krankenwagen, das Handtuch bringst du zurück und die zwei Kittel und das kurze Hemd hier, unterschreibe, meine Mutter ist die letzte in der Abteilung, ihre Nachbarin Krasnowa ist schon weg, alle sind weg, die Station wurde immer leerer, jeder woandershin, die Station leer es schallt nur meine Mutter noch da blickt den Schritten hinterher, sind jetzt anders zu ihr, die Einzige wird besser ernährt, ißt gierig mit ledernem Mund, Ledermund mit Schnurrbart und Bart, welk und leer, das Gesicht um die Hälfte verkürzt, wenn sie auf dem Zahnfleisch kaut, sie flüstert das überlebe ich nicht, ach, das überlebst du schon Muttchen, nein finanziell überleb ich das nicht, was heißt finanziell, Muttchen, du kommst jetzt in ein neues Krankenhaus, mach dir nichts draus, daß dich niemand wegholt, unser Staat kümmert sich um dich, er läßt dich nicht im Stich, vor dem Sterben wird keiner beerdigt, deinen Brei kriegst du überall, na los, jetzt ziehen wir uns an, Muttchen, steh auf, Land, du mächtiges, steh auf zum Todeskampf[1], siehst du, *dort* läßt dich keiner im Stich, wir haben uns an dich gewöhnt, Muttchen, bist unsre

1 Sowjetisches Lied aus dem Zweiten Weltkrieg, *Anm. d. Übers.*

letzte, ab morgen haben wir Urlaub, wer macht im Februar Urlaub, wir, wir, wir, ach je, wer will uns schon, wenn wir alt sind, das Muttchen sitzt auch ganz schön in der Scheiße, kommt, wir waschen sie noch mal, bring den Schieber und die Bürste, ich gieße Wasser drüber, oje, wieder alles vollgemacht, ach je, nur Haut und Knochen, ach, ach, ach, dabei hat sie mal Kinder zur Welt gebracht, alles hängt runter, alles löst sich, neulich habe ich eine gewaschen, da liegt was unter ihr, die Gebärmutter war vorgefallen, Marina hat gesagt, so was kommt vor, 87 Jahre, sie ist ins Fünfte Krankenhaus gekommen, das Fünfte ist schlimmer! Muttchen, du kommst in ein gutes Heim, dort ist es sauber, mein Scheißerchen, man kommt bei dir mit den Stecklaken und Windeln gar nicht hinterher, so, sauber wie ein Säugling, was, was sagst du, was sagt sie, solche müßte man abservieren, eine Spritze und Schluß, wozu sich quälen, na los steh auf Muttchen, zittert wie Sülze steh auf.

Ich muß ihr was zum Anziehen bringen, das hier, das, sie ist dünn, meine Sachen passen ihr alle, ach, nicht gewaschen, herrje, nicht gewaschen, nicht genäht, peinlich, mein Gott, jetzt kommt die ganze Armut ans Licht, ein einziges Elend, Armut offenbart sich vor allem bei der Unterwäsche, die alten Lumpen, das kann ich denen doch nicht anbieten, na gut, den Büstenhalter braucht sie nicht mehr obwohl's Vorschrift ist, Unterhosen, Hemd, Gott sei Dank wenigstens ein Hemd, fast neu, es liegt ganz unten, ganz unten, für den Fall einer ärztlichen Untersuchung, o Glück, o Tränen, jetzt weiter...

der Unterrock zerrissen, mein Gott, ich ziehe ja selbst

alles an, wie's kommt, ich stopfe, nähe, aber selten, sieht ja keiner, geht auch so, jetzt kommt alles ans Licht, so, o Gott, ja ja ja! ein weißes Hemd ist da! von unserm ehemaligen Schwiegersohn Sascha, danke, Sascha, danke, mein Vögelchen, dein Hemd kommt wie gerufen, aber, aber warum liegt es hier, ausgerechnet hier, Gott sei Dank, Strümpfe und Strumpfgürtel, das ist mein einziger, paßt ihr bestimmt nicht, aber ich habe ja Sporthosen aus Trikot, ein Glück, daß ich alles aufgehoben habe, wenn ich jetzt noch ganze Socken finde, keine ganzen Socken da!

ich weiß genau, ich hatte welche, ich brauche sie für die Filzstiefel, soso, dafür habe ich noch ganze Baumwollstrümpfe, hurra, die kremple ich um, dann sind's Socken, so, jetzt die Schuhe!

pfui, was rede ich da von Schuhen, wir haben Winter, also Filzstiefel, oh, oh, oh, rauhe Mengen Filzstiefel, o Gott, bergeweise Klamotten in der Kammer, keine Zeit zum Aussortieren, ein Schwein bist du, ein Schwein, lebst wie ein Parasit, denkst an nichts, nur an deine Gedichte, jetzt kannst du heulen und jammern, ich schaffe es nicht ins Krankenhaus, ich schaffe es nicht, ooooh!

«O Gott, was machst du denn hier, Mama? Alles rauszuschmeißen, man kommt gar nicht mehr durch. Muß das ausgerechnet an dem Tag passieren, wenn wir kommen» (entfernt sich), «so was, so was, hier sind kleine Kinder, und sie macht einen Staub, pfui.»

Ich schaffe es nicht, ich schaffe es nicht, ha, Filzstiefel mit Galoschen, ha, Gott sei Dank, so, jetzt das Kleid, ihr Kleid, ihr Kleid, ein Glück, sie ist kleiner als ich, und ich habe die Sachen nicht angerührt und nicht geändert, dabei habe ich davon geträumt, aus verschiedenen Kleidern was zusammenzuschneidern, aber ich hab's nicht getan, ich habe immer daran gedacht, daß Aljona auch mal alt wird, und wenn es soweit ist, geb ich ihr die Sachen, Töchterchen, ich habe einen Riesenvorrat für dich, Aljona, du hast dieselbe Größe wie Großmutter und denselben Charakter: Akula Glotowna [1] Hitler, so habe ich sie beim Abschied einmal in Gedanken genannt, nachdem sie zum Mittag drei Teller verdrückt hatte, ich wußte nicht, daß sie in diesem Augenblick bereits mächtig schwanger war und bei sich zu Hause keinen Bissen hatte, so, ha, ein wunderschönes!

ein wunderschönes Kleid, ha, Mama ist dünn, das Kleid ist auf Taille gearbeitet, dunkelblau mit rotweißen Blümchen und dazu ein rotweißes Seidentuch in der Brusttasche, meine Mama war eine elegante junge Dame mit Stöckelschuhen in einem gehässigen Weiberkollektiv, ihre Geliebten kamen aus den höchsten Rängen, Vorgesetzte, die Hüter des Rindviehs, so, jetzt ihren Mantel, Gott sei Dank, der mit dem Karakulkragen, blauer Covercoat, wer kennt heute noch Covercoat, ha, der Hut, nein, der ist zerknautscht und hart wie ein Filzstiefel, im Volk sagt man «Holzhut» dazu, wärmt die Ohren nicht, die Hauptsache, die Ohren sind warm, das habe ich dem Kleinen eingeschärft, der Kleine, der Kleine, nicht dran denken, vergessen, weine nicht, weine nicht, nein, er lebt ja, er ist bei seiner Mutter, bei seiner Schwester und seinem Brüderchen, du warst sein Abtreter, er hat seine seidenweichen Füß-

1 *Akula:* russ. Haifisch, *Glotowna*: erfundener russ. Vatersname, abgeleitet vom Verb *glotat'* = verschlingen, *Anm. d. Übers.*

chen auf dir abgetreten und ist dann zur andern Mutter übergelaufen, seine Mutter wird ihm jetzt die Locken abschneiden und ihn in den Wochenkindergarten schicken, das ist wie in der Armee, ich ahne den Gang der Ereignisse voraus, als alleinstehende kinderreiche Mutter kann sie die Vorteile des Kindergartens nutzen, ein Gefängnis für ihre Kinder, sie gibt sie weg und geht arbeiten, alles hin

alles normal!

alles!

alles!

aber wie soll er allein dort schlafen, und und und wie soll deine Mutter, deine Anna, alleine schlafen, nicht dran denken, sieben Jahre fast, stop, das Wolltuch für den Kopf, ach, das Wolltuch ist ja bei den Sachen von Timotschka, das braucht er wegen seiner Ohrenentzündung, das karierte ist ganz gut, ja, ja, aber es hat überall gelbe Flecken, vom Kampferöl, damit kann man sich nicht unter die Leute wagen.

«Ich nehme ja nichts ich wühle doch gar nicht Aljonotschka aber Großmutter braucht doch was auf den Kopf der Kopf ist alt kein Fettpolster nur Schädel und Haut

hast du verstanden, kaum Haare!

nirgends!

nirgends mehr was, so, so, ach richtig, ich hab ja noch den alten Wollschal für den Hals, aber ich brauche ihn nicht so dringend außerdem ist's ja nur das eine Mal, so, ich schlage einfach den Kragen hoch, so, jetzt den Koffer, wo, auf dem Schrank, pfui, dieser Staub, mit dem Lappen abwischen, die Zeit, die Zeit, die Zeit, fffu, jetzt das Bett frisch beziehen doch woher kriege ich eine Gummiunterlage, Aljonotschka, entschuldige noch mal, hast du nicht eine Gummiunterlage übrig, nein, ach nein, hab ich mir gedacht, so, ich zerreiße eine Plastiktüte, oder halt, ich frage im Krankenhaus, die geben mir sicher eine ausrangierte, so, im Laufschritt

im Laufschritt!

im Laufschritt!

im Laufschritt mit dem schweren Koffer los, mein ewiger Gang, 52mal im Jahr plus Neujahr plus Erster Mai und Achter März plus ihr Geburtstag, am Neunten oder Zehnten, auf alle Fälle gehe ich immer am Neunten hin, und dann noch der Siebte November [1], weil die selige Rebekka, diese edle Frau, mich diskret darauf aufmerksam machte, daß sich die Omas gerade an den Feiertagen schlecht fühlen, sie weinen, sterben, essen nichts und verlangen Schlaftabletten, wer wird sich jetzt noch an dich erinnern, Rebekka, ich erinnere mich an dich, du warst ein Gott für uns, herrje, ist das ein Gewicht, sicher ist sie schon weg, was soll ich noch dort, schon 13 Uhr, das Auto ist schon da, eiskalt, der Krankenwagen, sie laden sie schon ein, sie ist schon weg, wenn ich komme, ffu, alles längst verschlossen, das Personal im Urlaub, drinnen schon die Maler, schlimmer als die Maler zieht sich keiner an, ooh, wie viele Jahre habe ich meine Wohnung nicht renovieren lassen, gar nicht daran zu denken, darf ich mich setzen, junger Mann, ich falle gleich um, oh, vielen Dank, das habe ich nicht erwartet, das ist ein Zitat, o Gott, wie lange der Zug immer hält, der kriecht ja förmlich,

1 Tag der Oktoberrevolution 1917, *Anm. d. Übers.*

wie kriege ich sie nur nach Hause, falls sie noch da ist, ha, du machst dir wohl Hoffnungen, du Aas, du gemeines Luder, endlich geschafft, jetzt mit der Metro, dieser Lärm, dafür ohne Umsteigen, ich mag die Metro nicht, dieses Getöse, unheimlich, alle sehen mich an, wohin mag wohl diese hochgewachsene Frau mit dem Koffer und dem verhärmten Gesicht fahren, und was die Zähne angeht, leb und vergiß nicht, immer die Lippen zusammenzukneifen, nicht lachen, nicht, daß es noch mal so geht wie auf der Post und sie sagen, wir haben gerade von Ihnen gesprochen, was denn, daß die große Frau mit dem Kind lange nicht mehr hier war? Ach, wir haben uns gefragt, warum läßt sich die Oma mit ihrem Enkelchen nicht mehr blicken, hier liegt eine Geldanweisung für Sie, für zwei Monate à sieben Rubel, oh, danke, das ist für meine literarische Arbeit, ich bin nämlich Poet, danke, Sie retten mich immer, die zwanzig Kopeken können Sie behalten, kaufen Sie Ihrem Kind in meinem Namen Süßigkeiten, wenn mein Buch erscheint, schenke ich Ihnen eins, ojemine, lassen Sie mich auf diesen Platz, Fräulein, das Stehen fällt mir so schwer, ich bin völlig erledigt, ich falle um, danke, so, wir fahren!

wir fahren, wir fahren, eine ganz leidliche Aussteuer habe ich da zusammen, ist ja klar, alte Leute tragen immer altertümliche Sachen, das mögen sie, ach herrje, ihre Brosche, ihre Brosche hab ich vergessen, die Elfenbeinbrosche, ohne die zieht's ihr, na gut, ich ziehe meinen Wollpullover aus, so, jetzt beim Linientaxi anstellen, lassen Sie mich bitte vor, ich darf nicht zu spät kommen, die Nervenklinik macht zu, ja, ja, Sie haben's erfaßt, ich bin ein psychiatrischer Fall, jawohl, ich habe einen Jagdschein, na, was soll das, warum stoßen Sie mich, Genosse, aj, oj, geben Sie mir die Hand, ich komme mit dem Koffer nicht rein, uff, so ein Linientaxi ist ein Segen, früher gab's hier nur eine Straßenbahn, reichen Sie bitte das Geld weiter, was, ach ja für den Koffer, doppelter Preis, hab ich vergessen, worauf warten wir, alle vakanten Plätze sind besetzt, Postillion, treib die Pferde an, wir fahren

so, schnell, den Koffer die Treppe rauf, poch, poch, poch, das Herz, kein Krankenwagen mehr hier, oder noch nicht hier, bumm bumm bumm bumm, entschuldigen Sie, daß ich so gegen die Tür wummere, guten Tag, ich will meine Mutter abholen, ich nehme sie nach Hause, komme ich zu spät, nein, was für ein Glück, entschuldigen Sie, ich hätte anrufen sollen, aber ich habe so lange zum Packen gebraucht, oh, ich hatte solche Angst, was, das Auto kommt gleich

ach, entschuldigen Sie, meine Tochter ist mit drei Enkelkindern angerückt, die Unglückliche, ganz alleine, alle haben sie im Stich gelassen, alle, ich bin allein für alle verantwortlich, meinen Sohn habe ich vor dem Untergang gerettet, ja, ganz alleine, ja, Kriminelle haben ihn bedroht, er schuldete jemandem was, ich habe bezahlt, jetzt kniet er vor mir nieder, aber er ist krank, ein einhackiger Invalide, die reißen mich in Stücke, koch Brei, wiege die Kleine, zieh den Jungen an, erzähle ein Märchen, wissen Sie, ich bin eine glückliche Großmutter, wunderbare Enkel: Timofej, Jekaterina, Nikolai, wunderschöne Namen, dann mußte ich für Mama die Sachen packen, ja, wozu die ärztliche Bescheinigung, was heißt das: Diagn.: langs. verlauf. Schizophrrr. und Unterschrift, ach, stimmt ja, darauf kriege ich kostenlos Medizin, nein, geben Sie mir einfach nur die, die sie für hier verschrieben haben, einfach so, zum Andenken, wie heißen Sie, Sonetschka, ein sonniger Name, erstaunlich selten heutzutage, so heißt eine Heldin von Dostojewski, Sonetschka, seien Sie so lieb

einen Augenblick, ich wollte Ihnen zur Erinnerung meine Gedichte mit einem Autogramm schenken, ich bin doch Poet, aber es ging alles so überstürzt, ich habe sie zu Hause vergessen, na, macht nichts, das läuft uns nicht weg, Sie kommen doch sicher nach dem Urlaub wieder zurück, dann schenke ich allen mein Buch, bald erscheint ein Buch von mir

mit Gedichten, ha, das wird ein Leben, wissen Sie, ich bin nämlich Poet, und Poeten sind ein armes Volk und nicht von dieser Welt, bis ans Ende ihres Lebens von allen verkannt, ach, wenn ich nur könnte wie ich wollte, wenn diese Not nicht wäre, dann wäre alles anders, aber haben Sie vielleicht was, was Sie nicht mehr brauchen, einen Schieber, eine Gummiunterlage, alte Laken, es können auch zerrissene sein, ich flicke sie wieder, ich habe kein Bettzeug für meine Mutter, Sie sind hier neu, aber meine Mutter ist eine Veteranin hier! Oh, ich danke Ihnen! Ah, ein Krug, oh, ist das ein Schieber? Eine Bürste, aha, ich verstehe. Und Windeln!!! Und Gummiunterlagen!!! Macht nichts, das wasche ich aus! Und Kaliumpermanganat... Macht nichts, geben Sie alles her, und Watte, in meinen Koffer paßt viel rein! Und Chlor! Das ist ja eine Freude. Bringen Sie sie her oder soll ich selbst zu ihr in den Krankensaal? Grüß dich, hallo, wie geht's? Ich ziehe dich jetzt an und dann fahren wir nach Hause. Mußt du vorher noch mal Pipi? Hier, der Schieber, pi, pi, pi. Na, los. Prima! Hast doch noch gepullert. Sonetschka, sie versteht alles: erstaunlich! Sonetschka, und ihre Medikamente... Ich verstehe, Sie schreiben keine Rezepte aus... Sehen Sie doch wenigstens mal in der Krankengeschichte nach, was für Tabletten... Mama, anziehen. Setz dich auf. Der Kopf kahl! Sie haben sie geschoren... ach, Glatze. So, brav. Oh, die Fußnägel, die müssen geschnitten werden, die sind so lang wie bei einem Faun, die Fingernägel auch, hat sich denn hier überhaupt keiner um dich gekümmert, macht nichts, siehst du, die Unterhosen sind ganz, und das Hemd ist weiß, siehst du, es geht dir bis über die Knie, wie ein Unterrock, so eine kleine Mama haben wir, die Filzstiefel kommen später, zerr doch nicht so, die Strümpfchen, die Hosen in die Strümpfe, die Filzstiefel kommen später, jetzt das lange Kleid, damals trug man so lange, uff, mein Rücken, ich komme nicht mehr hoch, oh, danke. Sie sind ein wunderbares Mädchen, Sonetschka hat uns Tabletten auf Vorrat gebracht, und ich habe mich nicht getraut, Sie zu fragen, sehen Sie sich nur mein Püppchen an, Sonetschka, Gott, wie dieser Körper riecht, ein krankes wildes Tier, mir ist ganz übel, haben Sie zufällig Baldrian, Sonetschka, so, Mama, jetzt in die Filzstiefel, stören die Fußnägel nicht

wackle nicht so, die Knie durchdrücken, wie krieg ich dich bloß rein, oh, Sonetschka, danke, gluck, gluck, gluck, Baldrian wirkt Wunder, es gibt nichts Abscheulicheres als Baldrian, ach, Sonetschka, wie schlepp ich sie bloß weg, sie kann doch nicht gehen, Sie sagten, es fährt ein Auto, kann man dem Fahrer nicht sagen, daß wir nicht aus der Stadt raus müssen, sondern ganz in der

Nähe, Metrostation soundso, sieben Minuten zu Fuß, ich flehe Sie an, aber ich hab kein Geld für ein Taxi, ich hab keins, überhaupt keins, mein Buch ist doch noch nicht raus, wenn es erscheint, zahle ich all meine Schulden zurück, Sonetschka, ja?

«Muttchen», antwortet Sonetschka trocken, «wenn Sie sie nach Haus holen wollen, dann fährt das Krankenhaus sie nicht.»

Sonetschka, ausnahmsweise, wollen Sie, daß ich vor Ihnen niederknie, quälen Sie uns bitte nicht, bringen Sie uns nach Hause, es ist kein einziger Arzt da, es ist niemand da, den ich bitten könnte.

«Klären Sie das mit dem Fahrer, klären Sie es mit ihm.» Sonetschka hat keine Lust mehr und macht sich schnell aus dem Staub.

Wir sind angezogen, Mama krümmt sich wie ein Embryo und läßt den Kopf hängen, nicht mehr lange, und sie macht sich in die Hosen, ich fühle es schon. Auf der Treppe Gepolter, der Sanitäter erscheint auf dem Korridor

«Patientin Golubewa!»

«Hier, hier, ich begleite sie, alles fertig, die Dokumente habe ich. Mein Lieber, helfen Sie ihr die Treppe runter.»

Sonetschka sieht dem Drama von weitem zu, wir treten aus dem Haus, sie schließt die Tür mit einem Extraschlüssel von innen zu, Schluß.

Mein Mütterchen sieht in den Filzstiefeln wie der gestiefelte Kater aus, sie stakst merkwürdig und ängstlich, der Sanitäter, ein mittelgroßer Mann in weißem Kittel, hält sie an Arm und Rücken, jetzt die Treppe. Mama hat eine zu große Pelzmütze auf, ich mußte ihr meine geben, aus dem Wolltuch ist sie alle naselang rausgepurzelt wie ein Kuckuck aus der Kuckucksuhr.

Wir sitzen im Auto.

«Entschuldigen Sie bitte gnädigst, wie fahren Sie?»

«Ins Fünfte.»

«Ist das weit? Ins Fünfte, aber es hieß doch in ein anderes...»

«Weit? Ziemlich. Drei Stunden eine Strecke.»

«Und dann?»

«Und dann zurück in die Stadt. Aber zur Zentrale, nicht hierher.»

«Wissen Sie... Ich schlage Ihnen folgende Lösung vor. Sie können sie in diese Anstalt bringen, wie Sie wollen... Ganz wie Sie wollen... Aber es gibt eine andere Möglichkeit, die dauert nur zwanzig Minuten.»

«Wo ist das?»

«Die Dokumente habe ich hier. Ich gebe Ihnen eine Bescheinigung, daß ich sie nach Haus genommen habe. Und Schluß. Überraschend, verstehen Sie? Und Sie haben fünf Stunden frei.»

«Hören Sie mal, Muttchen... was wollen Sie, wenn Sie sie nach Hause holen, bitte, wozu sollen wir unsre Zeit verplempern, verstehste... Da müssen Sie schon 'ne Taxe nehmen.»

«Nein. Wenn Sie sie nicht zu mir fahren, dann fahren wir mit Ihnen zusammen ins Fünfte, und dort wird Sie der Chefarzt beauftragen, sie nach Hause zu bringen als eine, die es sich überraschend anders überlegt hat. Ich werde mir sowieso mit dem Chefarzt einig, ich hätte das auch schon hier erreichen können, aber Desa war nicht da, die Stationsärztin. Solche Patienten werden nach Hause gebracht, jawohl, ich versichere Sie, und zwar mit dem Krankenwagen. Der Chefarzt und Desa sind jetzt bloß im Urlaub, sonst wäre alles viel einfacher. Also, fahren wir.»

«Los, die Papiere.»

«Die Papiere gebe ich Ihnen vor meiner Haustür, Kinder, was habt ihr bloß, ist doch viel einfacher so für euch. Sie kann nicht laufen, sie kann nicht.»

«Da müssen Sie sich andere suchen, wir haben nur einen Auftragsschein ins Fünfte, wer unterschreibt uns die Fahrt?»

«Also gut, fahren wir ins Fünfte, dort kriegt ihr die Unterschrift, aber auf dem Rückweg fahren wir sowieso zu uns nach Hause. Das garantiere ich euch. Ist ja nicht gerade das nächste Ende, sechs Stunden durch diese Kälte. Am besten, ihr sagt in der Zentrale, daß die Patientin nach Hause geholt wurde und Schluß, daß ihr umsonst gefahren seid.»

«Wissen wir selber, was wir zu sagen haben...»

«Und ich gebe euch zur Bestätigung dieses Papier hier. Und Schluß. Überlegt es euch, bei dem Wetter, am Ende, Gott behüte, stirbt sie uns noch... Kinder...»

«Steig aus! Alle raus! Wir fahren auch ohne euch in die Zentrale.»

«Nein. Ohne uns fahrt ihr nirgendshin, ihr fahrt mit uns nach Hause.»

«Ach ja... Verrückte haben wir schon öfter gesehen. Du gehörst ja selbst in die Klapsmühle! Eins von diesen alten Weibern! Typisch!»

Ich zitterte am ganzen Leib, aber der Baldrian, diese kostbare Lebenswurzel, tat seine Wirkung. Gefaßt, energisch und gebieterisch bearbeitete ich diese stupiden Hirne so gnadenlos, daß sie beide drauf und dran waren, mich umzubringen. Sie begriffen, daß hier irgendwas nicht stimmte, und wollten unbedingt ins Fünfte fahren, doch die Vorstellung, sechs Stunden mit mir im Auto zu verbringen, war auch nicht gerade rosig. Andererseits (ich stellte mir den Ablauf ihrer Gedanken vor) waren wir ein relativ ruhiger Transport, und wenn sie früher als geplant in die Zentrale kämen, könnte man sie zu einem noch schöneren Fall schicken: zu einem Delirium tremens oder einem Beil hinter verschlossener Tür. Ja, ja. Das Leben.

«Ich habe wirklich größtes Mitgefühl mit euch, von ganzem Herzen, aber eure Lage ist hoffnungslos, ich begleite sie und werde sie immer begleiten, wohin sie auch fährt, ihr könnt mich nicht rausschmeißen. Denn ihr dürft sie nicht ohne Papiere befördern.»

«Du brauchst einen Arzt, der dir 'ne Spritze verpaßt.»

Merkwürdige Situation, ein Irrentransport verlangt nach einem Arzt mit einer Spritze.

«Seht euch vor, gleich macht sie euren Wagen voll, sie hat gerade gegessen. Ich zieh ihr die Hosen runter, ich habe nicht vor, das alles zu waschen, sie macht euch hier auf den Fußboden.» (Den Schieber im Koffer verschwieg ich.)

Mein Muttchen brabbelte etwas auf ihrer Trage. Ich saß neben ihrem Kopf.

Sie blickten mich finster aus ihrer Fahrerkabine an.

«Nun fahrt schon. Eine halbe Stunde von hier.»

Bitterböse und finster fuhr der Fahrer los. Ich schrie ihm die Adresse zu. Sie zuckten nicht mit der Wimper, sie reagierten überhaupt nicht. Sie fuhren stumm mit uns los. Wohin? Es holperte. Wohin bringen sie uns? Wohin? Ich konnte nichts sehen, in solchen Krankenwagen sind die Fenster extra weiß angestrichen, um die Leute nicht zu erschrecken. Arztgeheimnis, Arztgeheimnis, was passiert nicht alles unter deinem Deckmantel! Geburten, Gewalt, Folter, Schmerz, Sittlichkeitsverbrechen, Blut, Hände, die sich verkrampfen, Schreie, letzte Verzweiflung, Tod. Sanitäter sind eine Macht, sie sind Despoten, die keinen Ungehorsam und keine Barmherzigkeit kennen, mein Sanitäter hätte viel drum gegeben, mir eine Spritze reinzujagen, mir zu zeigen, wer hier die Laus war und wer der Tyrann und Chef.

Genau zehn Minuten später hielt der Fahrer an und sagte, wir sind da. Wir sind da. Aber wie denn? Woher wußten sie den Weg – ach, richtig, sie hatten ja die Krankengeschichte – ach Gott, aber zu uns findet man nicht so leicht, die Einfahrt auf unseren Hof liegt in einer ganz anderen Straße, die wenigen Male, die ich mit einem Taxi gefahren bin … wohin, wohin hat er uns gebracht, das kann nicht stimmen, die Scheiben sind weiß …

«Entschuldigen Sie bitte, sind Sie von der richtigen Seite reingefahren, wie soll ich sonst die Großmutter ins Haus bringen, ich weiß, jetzt hilft mir keiner mehr, ich hätte ja ein Taxi genommen, aber die Rente, das ist es ja, die kriege ich erst übermorgen, können Sie mir nicht sagen, wo wir uns befinden, ich bin ein topographischer Kretin, ha, ha, ha, ich weiß nie, wo ich bin – an welchem Ort.»

«Wir sind da, wir sind da, alles richtig.»

Ich stellte den Koffer in den Schnee, holte umständlich mein Muttchen aus dem Auto, sie war zwar federleicht, aber irgendwie steinern, unbeweglich. Die beiden Stiernacken rauchten schweigend, und der Krankenwagen fuhr genau im selben Moment vor unseren Füßen weg, in dem ich die Tür zuschlug. Wie ein lebendiges Wesen, wie eine Schabe entschlüpfte er, und weg war er.

Wir standen irgendwo, auf irgendeiner Brücke, an einem grauen Tag gegen Abend. Rechts von uns rauchten riesige Schornsteine, unter der Brücke Gleisanlagen, ein riesiges Industriegelände. Eine fremde Straßenbahn fuhr leise durch den Schnee an uns vorbei, auf der anderen Seite standen Backsteinhäuser, es schneite. Ich zitterte am ganzen Leib. Wo sind wir?

Na, na! Es ist kein Krieg, keine Panzer überrollen uns. Die Sanitäter, die haben alles begriffen, war ja nicht das erstemal. Die befördern hundertmal am Tag solchen Menschenabfall. Die kennen solche durchtriebenen Verwandten zur Genüge, die ihre Alten oder Kinder nach Hause holen, weil sie sie nicht dem Tod und dieser Folter überlassen wollen, ha, ha, die kennen sie zur Genüge. An dieser Bekanntschaft sind sie nicht vorbeigekommen.

Wir ließen uns zitternd am Rand des Bürgersteigs nieder. Ich setzte die Großmutter auf den Koffer, sie krümmte sich wie ein Embryo. Plötzlich zuckte sie, ihr ganzer Körper krampfte sich zusammen, und dann ließ sie wieder den Kopf hängen, ich begriff, daß sie in diesem Moment in die Filzstiefel gemacht hatte. Jetzt ist ihr warm. In fünf Minuten wird sie frieren. Ich zog sie hoch, nahm den Koffer und schob den zusammengekrümmten, versteinerten Körper durch den Schnee zur

Straßenbahn, komme was wolle, irgendwie hieve ich sie hoch, jemand wird mir schon helfen. In der Straßenbahn ist es warm, und irgendwo werden wir schon landen.

Von hinten kam hupend ein Auto an. Soll es warten. Eine Tür fiel zu.

«Los, legen Sie sie rein, machen Sie keine Fisimatenten», sagte eine Männerstimme, und sie nahmen mir die Großmutter ab. Ich drehte mich um und folgte ihnen, den Koffer vor mich herschiebend. Am Straßenrand stand ein Krankenwagen. Der Schneesturm schnitt ins Gesicht. Die hat jemand gerufen, dachte ich, es gibt doch noch gute Menschen. Wir erreichten den Wagen, der Mann öffnete die Tür. Ich betrachtete ihn durch meine vereisten Wimpern. Das war immer noch er, der Sanitäter vom Irrentransport! Sie waren zurückgekommen. Der Sanitäter hob geschickt den Körper meiner Mutter ins Auto und legte ihn auf die Trage. Im Auto war es warm, ein Lämpchen brannte. Meine Mutter lag auf der Trage, der Sanitäter deckte ihren nassen Mantel mit einer alten Jacke zu. Meine Mutter lag auf einem weißen Kopfkissen, die viel zu große Fellmütze war ihr auf die Stirn gerutscht, der Mund eingefallen, die Augenschlitze winzig. Die Augen feucht wie das ganze Gesicht.

«Hier, unterschreiben Sie», sagte der Sanitäter und hielt mir ein Papier hin.

Deshalb waren sie also zurückgekommen. Sie mußten die Unterschrift haben.

Zu Hause waren die Kinder, Aljona, sie brauchte mich, was sollten unsere Scheiße und unsere nach Urin riechenden Lumpen, was sollte unser Alter in einer Familie mit Kindern. Wo es nach Seife, Phlox, gebügelten Windeln riecht, hat so etwas nichts verloren, weshalb habe ich meine arme Aljona nur so erschreckt, ich muß selbst von dort weg.

Der Sanitäter kletterte mit meiner Unterschrift in den Wagen und rückte meine Mutter zurecht, wobei er mich ansah. Vielleicht erwartete er, daß ich mich von ihr verabschiedete. Dann stieg er aus, schlug mit voller Wucht die Tür zu, kletterte in die Fahrerkabine, schlug auch dort die Tür zu, und der Wagen fuhr mühsam los.

Bei der nächsten Mülltonne packte ich meinen Koffer aus und warf die nach Chlor riechenden Windeln, die stinkende Gummiunterlage, Bürste und Schieber hinein, all meine Schätze aus der Zeit der Hoffnung. Denselben Weg gingen auch die zerrissenen Bettlaken, ich behielt nur die Watte.

Jetzt wird mir Aljona die Kinder aufhalsen, dachte ich, jetzt kriege ich alle drei, das geht doch nicht, ich werde zu meiner Mutter fahren müssen. Warum habe ich ihr nicht das Gesicht abgewischt? Warum stand ich wie versteinert da? Die gewöhnlichste Sache der Welt, ein Greis wird ins Siechenheim gebracht, die heilige Pflicht dieser Sanitäter. Was gab's da in der Metro auf der Bank zu heulen, alle Leute haben geguckt, so etwas Dummes. Das ist ein Gesetz. Ein Gesetz der Natur. Die Alten machen den Jungen Platz, den Kindern.

Ich kam zu meinem heiligen Hort, ich klingelte nicht, ich öffnete leise die Tür, es war dunkel und warm, es roch nach Baby und angebrannter Milch, in der Küche brummte es: der leere Kühlschrank, ich muß ihn abschalten, ich kann alles auf den Balkon stellen. So überlegte ich, während ich in mein Zimmer schlich, ich zerrte die nassen Sachen vom Leib, wusch mich leise, das heiße Wasser wärmte mich, ich legte mich ins Bett. Mitten in der Nacht wachte ich auf, die Nacht ist meine Zeit, das Rendezvous mit den Sternen und mit Gott, die Zeit des Gesprächs, ich zeichne alles auf.

In der Wohnung vollkommene Stille, der Kühlschrank abgeschaltet, nebenan dumpfe Schläge: Nachbarin Njura hackt den Kindern Knochen für die Suppe, wie oft hat man ihr schon gesagt, sie soll nachts mit diesem schauerlichen Gehacke aufhören, da gefriert einem ja das Herz, als pochte das Schicksal an die Pforte. Warum ist es so still, drei Kinder immerhin! Keiner gibt einen Mucks von sich, brave Kinder, sind müde. Und ihre Mutter rennt nicht durch die Wohnung, um Milch warm zu machen oder eine trockene Windel zu suchen. Braves Mädchen. Alles ist still, nur diese Schläge. Schritte des Schicksals. Warum schweigen sie?! Brave Kinder. Schlafen wie die Toten. Vollkommene Stille. Ob sie noch leben? Lebendige Kinder schlafen nicht so. Die bewegen sich gar nicht. Schon die ganze Nacht Stille. Was hat bloß diese Verrückte mit sich und den Kindern wieder angestellt? Leben sie noch? Völliges Schweigen. Ich habe mich mein ganzes Leben lang nachts an die Kinderbettchen geschlichen, um zu horchen, ob sie noch atmen. Manchmal atmen sie so leise, als ob sie gestorben wären. Wie jetzt. Denk dir doch nicht so eine Strafe aus! Diese Stille! Ferne Schläge. Njura ist völlig verrückt geworden, alle beschweren sich. Sie hat nichts zu essen, irgendwoher besorgt sie sich Knochen für die Kinder. Dann kocht sie sie vierundzwanzig Stunden aus und macht Sülze daraus, tüchtige Frau. Die schlafen wie erschlagen, brave

Kinder. Ich bring's nicht fertig hinzugehen. Ich will es nicht wissen. Ich bring's nicht fertig, mir vier Särge vorzustellen, einer kleiner als der andere, und wie ich das alles beerdigen soll?! Wie, sagt mir das! Winter, Blumen. Was soll es im Winter für Blumen geben?! Andrjuscha fängt wieder zu trinken an. Der Mistkerl wird vor Entsetzen nicht vor mir und dem zugrunde gerichteten jungen Leben erscheinen. Der Wind wird die leichten Locken auf dem toten Köpfchen zausen. Der Wind wird den Eindruck erwecken, als seien die Haare lebendig. Wie konnte sie so etwas tun, dieses Scheusal! Die Tabletten! Sie hatte immer Tabletten in Reserve. Doch warum die Kinder? Fürs letzte hat ein Krümelchen gereicht, das hat sie in Milch aufgelöst. Auf Gesichtern von Toten liegt immer ein Ausdruck von Erleichterung, wie nach Tränen. Sie liegen in einer Reihe. Kann man so lange Knochen zerhacken, frage ich mich? Schicksalsschläge. Njura, es reicht! Ich gehe jetzt und klopfe bei ihr. Da kann man ja verrückt werden. Die wird mir kreischend Flüche an den Kopf schmeißen, dieses schwitzende, arbeitsame Weib. Alle haben sich längst daran gewöhnt und schlafen. O Gott! O Gott! Rette mich und erbarme dich!

Ich habe zwei Dinge gemacht. Erstens, ich habe es nicht mehr ausgehalten und bin zu Njurka gegangen. Ich habe ihr ein paar Takte in ihrer Sprache erzählt, ich habe gesagt, daß ich sie anzeige, weil ihr Gena die Telefonautomaten ausräubert, wenn sie die einfachsten Dinge nicht kapieren will. Die Kinder und ich haben es gesehen. Er hat den Hörer abgeschnitten. Sie öffnete das Maul mitten in ihrer Hackerei und wollte losfluchen, aber da hatte ich die Tür schon zugeschmettert.

Das soll ihr eine Lehre sein. Weiter: Ich ging wieder zu mir hinauf und betrat entschlossen das Zimmer meiner Tochter, und beim Schein des Lichts sah ich, daß keiner da war. Auf dem Fußboden lag ein zusammengeknautschter schmutziger Schnuller. Sie hat sie weggebracht, alles verwüstet. Kein Tima, keine Kinder. Wo ist sie hin? Sie wird schon gewußt haben, wohin. Das ist ihr Problem. Hauptsache, sie leben. Sie sind lebendig von mir gegangen. Aljona, Tima, Katja, sogar Nikolai ist gegangen. Aljona, Tima, Katja, Nikolai, Andrej, Serafima, Anna.

1990/91

Romane und Erzählungen

Barbara Taylor Bradford
Bewahrt den Traum *Roman*
(rororo 12794 und als gebundene Ausgabe im Wunderlich Verlag)
Eine bewegende Familiensaga: die Erfolgsautorin erzählt mit Charme und Einfühlungsvermögen vor allem die Geschichte zweier Frauen, die sich ihren Platz in einer männlichen Welt erkämpfen.
Und greifen nach den Sternen
Roman
(rororo 13064)
Wer Liebe sät *Roman*
(rororo 12865 und als gebundene Ausgabe im Wunderlich Verlag)

Barbara Chase-Riboud
Die Frau aus Virginia *Roman*
(rororo 5574)
Die mitreißende Liebesgeschichte des amerikanischen Präsidenten Thomas Jefferson und der schönen Mulattin Sally Hemings.

Marga Berck
Sommer in Lesmona
(rororo 1818)
Diese Briefe der Jahrhundertwende, geschrieben von einem jungen Mädchen aus reichem Hanseatenhaus, fügen sich zusammen zu einem meisterhaften Roman zum unerschöpflichen Thema erste Liebe.

Diane Pearson
Der Sommer der Barschinskys
Roman
(rororo 12540)
Die Erfolgsautorin von «Csárdás» hat mit diesem Roman wieder eines jener seltenen Bücher geschrieben, die eigentlich keine letzte Seite haben dürften.

rororo Unterhaltung

Dorothy Dunnett
Die Farben des Reichtums
Der Aufstieg des Hauses Niccolò. Roman
656 Seiten. Gebunden im Wunderlich Verlag und als rororo 12855
«Spionagethriller, Liebesgeschichte, spannendes Lehrbuch (wie lebten die Menschen vor 500 Jahren?) - einer der schönsten historischen Romane seit langem.» *Brigitte*
Der Frühling des Widders
Die Machtentfaltung des Hauseses Niccolò. Roman
640 Seiten. Gebunden im Wunderlich Verlag
Das Spiel der Skorpione
Niccolò und der Kampf um Zypern. Roman
784 Seiten. Gebunden im Wunderlich Verlag

Marti Leimbach
Wen die Götter lieben *Roman*
272 Seiten. Gebunden im Wunderlich Verlag und als rororo 13000
Das Buch zum Film «Entscheidung aus Liebe». Die Geschichte von Hilary und Viktor.

Nahaufnahmen

Carola Stern
In den Netzen der Erinnerung
Lebensgeschichten zweier Menschen
(rororo 12227)
«Wie konnte man, als Deutscher, Nazi oder Kommunist – also mit (vielleicht) treuestem Herzen einem verbrecherischen System dienen? – Wie schwer sich zwei höchstgebildete, gewissenhafte Menschen mit der Bewältigung der Vergangenheit tun, das hat Carola Stern nun jedermann klargemacht. Nicht nur deshalb: ein liebenswertes Buch.»
Gerd Bucerius, Die Zeit

Ernst Toller
Eine Jugend in Deutschland
(rororo 4178)
Als begeisterter Freiwilliger zog er in den Ersten Weltkrieg und als humanitärer Pazifist kehrte er heim. Er schlug sich auf die Seite der Aufständischen und erkannte früh die tragische Grenze der Revolution. Das wahrscheinlich bedeutendste Werk des expressionistischen Autors Ernst Toller, der in Dichtung und Politik keinen unversöhnlichen Gegensatz sah.

Edith Piaf
Mein Leben
(rororo 859)
Die Autobiographie der Piaf, deren Stimme für die Welt zum Inbegriff des französischen Chansons wurde. Die Beichte eines Lebens, gezeichnet von Alkohol, Rauschgift und Liebe. Der Abschied eines großen Herzens – mit dem Fazit: ‹Je ne regrette rien.›

rororo Literatur

Anja Lundholm
Das Höllentor *Bericht einer Überlebenden. Mit einem Nachwort von Eva Demski*
(rororo 12873 und als gebundene Ausgabe)
Anja Lundholm kam 1944 ins Frauen–KZ Ravensbrück. Als eine von wenigen überlebte sie das Lager, in dem die Nazis Zehntausende weiblicher Gefangener zusammengepfercht hatten.
«Anja Lundholm erklärt nicht; sie kommentiert nicht. Sie entschuldigt nicht. Sie schreibt, was geschah.»
Die Zeit

Lyrik

«Wer Lyrik schreibt, ist verrückt!»
Peter Rühmkorf

Mascha Kaléko
Das lyrische Stenogrammheft
(rororo 1784)
«Nun, da du fort bist, scheint mir alles trübe.
Hätt' ich's geahnt, ich ließe dich nicht gehn.
Was wir vermissen, scheint uns immer schön.
Woran das liegen mag –. Ist das nun Liebe?»

Mascha Kaléko
Verse für Zeitgenossen
(rororo 4659)
«Ich bin, vor jenen ‹tausend Jahren›,
Viel in der Welt herumgefahren.
Schön war die Fremde; doch Ersatz.
Mein Heimweh hieß Savignyplatz.»

Peter Rühmkorf
Haltbar bis Ende 1999 *Gedichte*
(rororo 12115)
«Ein plebejischer Poet ist er, ein handfester Spaßmacher, ein Repräsentant und Verwalter des literarischen Untergrunds, ein Dichter der Gasse und der Masse, einer, der die Lyrik auf den Markt gebracht hat. Nur: er ist zugleich ein feinsinniger Ästhet, ein raffinierter Schöngeist, ein exquisiter Ironiker.» Marcel Reich-Ranicki

Peter Rühmkorf
Außer der Liebe nichts
Liebesgedichte
(rororo 5680)
«Dichter! schmeißt Eure Lyrik weg, der Rühmkorf kann's besser!» Jürgen Lodemann im Südwestfunk

rororo Literatur

Von Peter Rühmkorf sind außerdem lieferbar:

Der Hüter des Misthaufens
Aufgeklärte Märchen
(rororo 5841)

Die Jahre die Ihr kennt *Anfälle und Erinnerungen*
(rororo 5804)

Über das Volksvermögen
Exkurse in den literarischen Untergrund
(rororo 1180)

Strömungslehre I Poesie
(das neue buch 107)

Dreizehn deutsche Dichter
208 Seiten. Broschiert.

Einmalig wie wir alle *Gedichte*
168 Seiten. Broschiert.

Wer Lyrik schreibt, ist verrückt!
Gesammelte Gedichte
140 Seiten. Kartoniert.

Peter Rühmkorf / Michael Naura / Wolfgang Schlüter
Phönix voran! Mit Ton-Cassette
128 Seiten. Kartoniert.